차원의 골드랜드

1 차원의 문을 건너다

차원의 골드랜드 홈페이지

차원의 골드랜드 홈페이지에는 다양한 부가 자료가 있습니다.

- 게임 메이킹 엔트리 파일 ▶ 게임 메이킹 실습용 파일(온·오프라인에서 사용 가능)
- 게임 코드 해설집 ▶ 게임 전체 코드를 상세하게 설명한 PDF 파일
- **수업안** ▶ 선생님을 위한 교수·학습 지도 자료

상상을 현실로 만드는 판타지 게임 코딩

차원의 골드랜드

1 차원의 문을 건너다

다산스마트에듀

안녕하세요, 모험을 사랑하는 친구들!

지금 우리는 '골드랜드'라는 놀라운 세계의 문 앞에 서 있어요. 이 책을 펼치는 순간, 여러분은 이야기 속 주인공이 되어 흥미진진한 모험에 빠져들게 될 거예요.

이 모험은 이야기를 읽는 것으로 끝나지 않아요. 엔트리를 통해 상상 속 세계를 현실로 만드는 특별한 경험이 준비되어 있답니다. 재미있게 읽은 이야기를 바탕으로 여러분 각자가 상상력을 발휘해 나만의 RPG 게임을 직접 만들 수 있어요.

이제부터 만나게 될 캐릭터와 사건들은 엔트리를 통해 여러분의 이야기가 될 거예요. 화려한 마법을 쓰는 멋있는 마법사나 강력한 전투력을 가진 용감한 전사가 되어 적을 물리치고, 세상을 구하기 위한 모험을 떠나 보세요.

게임 속에서 새로운 규칙과 세계를 만들어가다 보면, 이야기는 더욱 다채로워지고 게임 속 세계는 무한히 확장될 거예요.

자, 준비되셨나요? 이제 책을 읽고 게임을 만들며, 그 속에서 펼쳐지는 모험의 주인공이 되어 보세요. 상상력으로 새롭게 태어날 골드랜드의 모험이 여러분을 반길 거예요. 신나고 재밌는 모험을 마음껏 즐기며 새로운 세계를 탐험해 보세요!

다산스마트에듀 SW교육센터장 조아리

차례

with ENTRY

PART 1 게임 디자인

GAME DESIGN

GAME PLAY

PART 2 게임 플레이

PART 3 게임 메이킹

GAME MAKING

이 책은 크게 두 가지로 섹션으로 나누어져 있어요.

첫 번째는 '골드랜드'이야기입니다.

차원 너머 세계 속 골드랜드 이야기를 읽으며 이야기 속 주인공이 되어 모험을 떠나요. 태양과 샛별 앞에 펼쳐지는 흥미진진하고 예측 불가능한 모험 이야기를 읽다 보면, 여러분의 상상력과 창의력이 크게 자라날 거예요.

두 번째는 '게임 만들기'입니다.

골드랜드 이야기를 다 읽었다면, 모험 가득한 나만의 RPG 게임을 만들 차례예요. 이 과정은 크게 총 세 단계로 나누어져 있어요.

①　게임 디자인　읽은 이야기를 바탕으로 어떤 게임을 만들지 아이디어를 떠올리고 그림으로 표현해 봐요.

②　게임 플레이　골드랜드 이야기로 만들어진 게임을 직접 플레이해 보세요. 내가 게임 속 주인공이 되어 볼 차례예요.

③　게임 메이킹　엔트리 블록 코딩을 사용해 나만의 게임을 만들어 보세요. 코딩이 처음이라도 걱정할 필요가 없어요. 블록을 하나씩 쌓아 가다 보면 어느새 게임이 완성되어 있을 거예요.

이렇게 이야기를 읽고, 게임을 만들고, 창의력을 발휘하는 과정을 통해 즐거운 모험을 경험하는 동시에 여러분의 상상력과 창의력은 더욱더 풍부해질 거예요.

그리고 이 책은 단 하나의 이야기로 끝나지 않아요!
총 10권의 시리즈로 구성되어 있어,
매 권마다 새로운 이야기와 게임이
여러분을 기다리고 있답니다.
매번 새로운 모험을 떠나고, 다양한 게임을
만들어 가는 과정에서 여러분의 상상력도
끝없이 확장될 거예요. 앞으로도 계속 이어질
골드랜드 속 모험을 기대해 주세요!

"어? 너 이 게임 몰라? 나 이거 되게 잘하는데,
알려 줄까? 우리 같이 해 볼래?

이태양

**골드랜드를 위협하는 악당과 맞서 싸우는
용감하고 따뜻한 황금 수호자**

성격 밝고 따뜻한 성격으로 리더십이 있어요.
상상력이 풍부해 가끔 뜻밖의 행동을 할 때도
있지만, 남의 이야기에 귀 기울이고 공감할 줄
알아요. 덤벙대는 성격 때문에 종종 다치기도
하고, 어려운 상황에 놓이면 피하고 싶어 하기
도 해요.

좋아하는 것 축구, 아이돌, 쇼츠, 유행하는 것
따라 하기, 웃긴 영상 친구들에게 공유하기, 친
구와 놀 계획 세우기

싫어하는 것 사람들의 무관심, 잔소리 듣기,
무언가를 금지당하는 것

MBTI
ENFJ
말 잘하는 리더

"불평할 시간에 뭐 하나라도 더 해 봐.
그럼 결과가 달라질지도 모르잖아?"

박샛별

골드랜드를 지키기 위해 악당의 계획을
꿰뚫는 지혜로운 황금 수호자.

성격 똑똑하고 야무진 데다 공부도 잘하고 아는 것도 무
척 많아요. 하지만 때로는 지나치게 솔직하거나 다른 사
람에게 비판적이기도 해요. 평소에는 혼자만의 시간을
좋아해서 휴일에는 집에서 조용히 쉬며 여유를 즐기는
편입니다.

좋아하는 것 할 일 다 끝내고 쉬기, 침대에 누워서 스마
트폰 하기, 혼자만의 시간 갖기, 멍 때리기

싫어하는 것 재미없는 것, 단순 반복, 무의미한 노력,
귀찮거나 부담스러운 일

"에헴. 감히 누가 이 몸의 잠을
깨운 것이냐- 앗! (폴짝)"

MBTI
ISTP
만능 재주꾼, 장인

글리머 고대 정령

골드랜드를 지키는 고대 정령

성격 골드랜드의 고대 정령답게 자신감이 넘치며, 자신
을 매우 멋있다고 여기는 자부심이 강한 성격이에요. 겉
모습은 귀여운 솜 인형 같지만 내면은 단단하고 굳건하
지요. 차원 너머에서 온 태양과 샛별을 지키려는 책임감
이 강하며, 그들을 황금 수호자로 성장시키기 위해 열심
히 노력합니다.

골드랜드 세계관

골드랜드는 이름 그대로 황금이 풍부한 크지 않은 도시 국가입니다. 오랜 세월 동안 황금과 여러 광물로 영광을 누려 온 역사 깊은 나라죠. 이곳에서 나는 황금과 여러 광물은 도시를 부유하게 만드는 중요한 자원입니다.

수도 엘도라에는 황금으로 꾸민 성이 우뚝 서 있고, 도시 곳곳의 건물들도 황금빛으로 화려하게 반짝입니다. 하지만 골드랜드는 단순히 황금이 가득하고 부유하기만 한 나라가 아닙니다. 이곳의 황금은 특별한 마법의 힘을 지니고 있어서, 이를 연구하는 연금술사가 모인 연구소도 있어요. 이곳의 연구자들과 연금술사들은 황금 또는 다른 광물의 신비한 힘을 이용해 물질을 바꾸거나 일상생활에 유용한 다양한 발명품 등을 만들어 내며 연금술을 풍요롭게 발전시켜 왔습니다.

하지만 골드랜드는 땅이 기름지지 않아 농작물이 자라기 어려운 환경을 가졌어요. 그래서 황금과 여러 광물을 다른 나라의 먹을거리나 생활용품과 교환합니다. 이런 교역 활동은 골드랜드의 주민들에게는 매우 중요한 문제이기 때문에 다른 나라들과 좋은 관계를 유지하려 애쓰고 있어요.

황금을 비롯한 풍부한 지하자원 때문에 골드랜드는 늘 외부의 위협을 받고 있습니다. 황금을 노리는 나쁜 사람들이 자주 침입을 시도하지만, 골드랜드는 마법의 힘으로 그들을 물리치며 나라를 지켜 왔어요. 그러나 최근 '황금 악마'와 그를 따르는 무리가 나타나, 사악한 마법으로 사람들의 마음속에 파고들었습니다. 그들의 나쁜 마법에 몸과 마음을 빼앗긴 시민들은 황금 악마의 명령에 따라 도시의 방어 체계를 스스로 해제하거나 황금과 같은 주민들이 살아가는 데 귀중한 자원을 그들에게 바치기까지 합니다. 그렇게 황폐해진 일부 도시는 저항할 힘을 잃고, 완전히 황금 악마의 손아귀에 넘어가 버렸고, 아직 버티고 있는 다른 도시도 수시로 황금과 자원을 약탈당하고 있습니다. 악당들의 목표는 수도 엘도라를 차지하고 골드랜드 전 지역을 자신들의 세상으로 만드는 거예요.

골드랜드는 과거의 영광을 지키기 위해 황금의 신비한 힘과 연금술, 그리고 다른 나라들과의 협력을 통해 이 위기를 극복해야 합니다. 과연 골드랜드는 '황금 악마'의 위협을 물리치고 다시 평화를 되찾을 수 있을까요?

차원의 골드랜드

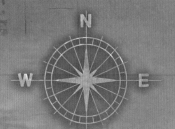

황금 악마가 점령한 도시

방어력 ★★★☆☆
공격력 ★★★☆☆
특산물 약탈된 황금과 자원

제4도시 **다크레이지**

황금 광산이 빛나는 도시

방어력 ★★★☆☆
공격력 ★★☆☆☆
특산물 황금, 철, 석탄 등 다양한 광물

제1도시 **옐로스톤**

제3도시 **란티스**

성벽으로 철통 방어된 요새 도시

방어력 ★★★★★
공격력 ★★★★☆
특산물 병력, 무기류, 방어구, 군사 장비

제2도시 **스피어**

황금 무역이 활발한 항구 도시

방어력 ★★★☆☆
공격력 ★★☆☆☆
특산물 병력, 무기류, 방어구, 군사 장비

14

수많은 영혼이 잠든 비밀의 도시

방어력 ★★☆☆☆

공격력 없음

특산물 묘비, 유령과 관련된 전설적 물건

연금술사들이 모여 있는 도시

방어력 ★★★☆☆

공격력 ★★★☆☆

특산물 마법 도구, 연금술 관련 재료

제5도시 귀스빌

제6도시 아퀘인

골드랜드의 빛나는 수도

방어력 ★★★★★

공격력 ★★★★☆

특산물 황금, 보석, 정치적 영향력

제7도시 엘도라

제8도시 솔라리아

황금 드래곤의 전설이 깃든 도시

방어력 알 수 없음

공격력 알 수 없음

특산물 유물, 마법적 아이템, 영적 재료

"이야! 오늘 날씨 너무 좋다!"

오늘도 일어나자마자 내가 제일 좋아하는 '커튼 걷고 창밖 내다보기'를 하며 활기찬 하루를 시작했다.

"으음~ 아침 공기 좋다! 지저귀는 새소리도 너무 좋아~!"

나는 힘차게 손을 뻗으며 세상에 인사했다. 오늘도 예감이 좋은걸? 자, 얼른 씻고 학교 갈 준비를 해야겠다. 매일 봐도 반가운 내 친구들을 만나러 가야지! 오늘은 뭘 하며 하루를 보낼까? 준비하면서 계획을 세워 봐야겠다.

후다닥 씻고 옷을 입으며 아침잠이 많은 엄마를 큰 소리로 깨웠다. 아니, 엄마가 아들보다 늦게 일어나는 게 말이 되나?

"오늘은 패션도 마음에 들어. 신나는 하루가 될 것만 같아!"

집을 나서며 훑어본 전신 거울 속의 옷차림도 마음에 쏙 들었다. 일어나서부터 기분이 좋고 계속 콧노래가 나오는 건 왤까. 분명 여느 때와 다름없는 평범한 하루일 텐데 오늘은 왜 이렇게 다른 느낌인지.

"이거 이따 문방구에서 랜덤 뽑기라도 해야 하려나?"

나는 하굣길에 좋아하는 애니메이션 캐릭터의 랜덤 카드 뽑기라도 해야겠다고 다짐하며 학교로 걸어갔다. 완벽한 하루가 될 것만 같았다. 적어도 하늘에서 황금색으로 번쩍 빛나는 그것이 나타나기 전까지는 분명 그랬다.

1

시작부터 게임 오버?!

교실에 들어서자마자 여기저기서 친구들의 인사가 들려왔다.

"이태양! 왔냐?"

"이태양 안녕~"

"이 반장 오셨어~"

히히. 내가 바로 이 구역의 잘나가는 인싸*인가?

"모두 하이, 헬로우~"

나는 친구들과 인사하며 내 자리로 가서 앉았다. 여유 있게 도착했지만 친구들과 떠들다 보니 금세 수업 시간이 되었다.

"자, 여러분~ 수업 준비는 다 되었죠? 수업 시작합시다."

* 인싸: 인사이더(insider), 사람들과 적극적으로 잘 어울리는 사람을 이르는 말

사실 오늘을 무척 기다린 이유가 따로 있긴 했다. 오늘은 하루종일 내가 좋아하는 과목들로만 가득한 날! 시간표가 나온 날부터 달력에 표시를 해 두고 손꼽아 기다렸다. 그래서 오늘 아침 컨디션도 좋고 학교 오는 길이 더 즐거웠나?

하지만 좋아하는 과목이어도 수업 시간을 참아 내는 건 쉽지 않았다. 결국 오전 수업이 끝날 때쯤에는 약간 몸이 꼬이고 말았다.

기다리고 기다리던 점심시간을 알리는 종소리가 울리자마자 친구들과 급식실까지 앞다투어 달렸다. 이럴 땐 복도에서 킥보드라도 탈 수 있게 해 줬으면. 오늘 메뉴는 무려 내가 좋아하는 돈까스다! 열심히 달린 덕분에 식지 않고 바삭한 돈까스를 받을 수 있는 앞쪽 줄에 서는 데 성공했다.

친구들과 떠들썩하게 수다를 떨면서도 열심히 밥과 반찬을 입에 욱여넣고, 재빨리 다시 줄을 서서 기어코 남은 돈까스를 더 받아왔다. 좋아하는 음식이 나왔을 때는 양껏 먹어 둬야 나중에 아쉽지 않은 법.

점심을 너무 많이 먹은 탓에 오후 수업을 간신히 버텨 냈다. 종례를 기다리며 친구들과 교실 뒤에 모여 다 같이 스마트폰을 만지작거렸다. 요즘 유행하는 댄스 챌린지를 어쭙잖게 따라 하는 친구들이 우스워서 함께 낄낄거렸다. 팔다리를 허우적거리는 게 꼭 몸이 뒤집혀 버둥대는 벌레 같았다. 그 와중에도 머릿속은 방과 후에 친구들하고 뭘 하며 놀지에 대한 계획으로 가득 차 있었다.

'어디 보자…. 오늘은 옆 반 애들이랑 축구 몇 게임 뛰기로 했고, 내일은 친구와 같이 마라 떡볶이와 탕후루를 먹으러 가기로 했고, 그다음 날은…'

바쁘다 바빠. 내 인생, 이 정도면 완전 갓생* 아닌지?

"이태양! 너 오늘 학원 가는 날 아냐? 가방은 제대로 챙겼어?!"

"우악!"

전혀 예상하지 못한 누군가의 윽박지르는 소리에 그만 깜짝 놀라서 빼액 소리를 지르고 말았다.

'이 쟁한 목소리는…!'

잔소리쟁이 박샛별이 매서운 눈초리로 나를 노려보고 있었다.

* 갓생: '신'을 뜻하는 영어 단어 '갓(God)'과 '인생'을 뜻하는 한자 '생(生)'이 합쳐져 남들에게 모범적이고 부지런하게 사는 것을 뜻하는 신조어

곧이어 책상 위로 내 학원 가방이 퉁명스럽게 던져졌다.

샛별은 어렸을 때부터 부모님끼리 친한 이웃이었다. 심지어 같은 아파트, 같은 동에 산다. 그래서 어쩔 수 없이 저녁을 같이 먹거나 주말에 가족끼리 캠핑을 가곤 했다. 하지만 그건 어디까지나 부모님들끼리일 뿐이고, 나와는 오랜 세월 동안 도무지 가까워지지 못해 데면데면한 사이였다.

'솔직히 학교에서는 되도록 말도 섞고 싶지 않은데….'

"아, 맞다. 미안~."

"미아~안? 아줌마 얼굴 봐서 가방 갖다주는 것도 이번이 진짜 마지막이야! 나까지 귀찮게 좀 하지 마!"

윽, 또 이런 일이 일어나 버렸다. 마음속으로는 늘 무엇이건 계획성 있게 하려고 하지만, 생각이 너무 많은 탓에 간혹 중요한 일을 까먹곤 했다. 그럴 때면 엄마는 하필 그 뒷감당을 야무져 보이는 샛별에게 부탁하곤 했다. 물론 같은 반이니까 그랬겠지만, 엄마는 모범생의 가면을 쓴 저 아이의 실체를 모른다.

샛별은 자신밖에 모르는 이기주의자여서 누굴 챙기는 것 따위는 아주 질색한다. 그러니 엄마에게 부탁을 받을 때마다 나에 대한 악감정 역시 차곡차곡 고스란히 쌓아 두고 있을 게 뻔했다.

"어?! 너희 서로 잘 알아? 둘이 친해?"

어쩌다 용건이 있어 둘이 대화라도 나누게 되면 아이들의 반응은 어김없이 똑같았다. 한눈에 봐도 서로 너무 다르고, 함께 어울려 노는 무리도 다르고, 성적도 하늘과 땅 차이인데 친하다고 하면 그게 더 이상해 보이겠지.

"우리? 안 친한데?! 그냥 부모님들끼리만 가까운 거야!"

"뭐야~ 어쩐지~."

내가 무 자르듯 단칼에 아니라고 하자 그럴 줄 알았다는 듯 순식간에 아이들의 관심이 식으며 다른 이야기로 넘어갔다.

샛별은 친하냐는 말을 들은 것만으로도 끔찍하다는 듯 깊은 한숨을 내쉬며 고개를 젓더니 자기 자리로 돌아갔다. 나는 그런 반응에 은근히 자존심이 상했다.

'흥! 이쪽도 충분히 불쾌하거든?'

저 얼음 같은 성격도 그렇고 아무튼 샛별은 여러모로 나랑 안 맞는다.

그때 마침 어떤 아이의 스마트폰으로 여럿이서 쇼츠 영상을 함께 보고 있었는데, 다음에 이어서 나온 영상이 모두의 시선을 집중시켰다.

> ▶ 여러분! 그거 아십니까? 요즘 우리나라 곳곳이 기후 위기로 몸살을 앓고 있는 것. 40도가 넘는 폭염이 찾아오질 않나, 대형 산불이 나질 않나. 새와 물고기가 떼죽음을 당하고, 농작물도 죄다 시들어서 대흉년이라고 합니다. 가볍게 볼 일이 아닙니다. 이러다 진짜 더 큰 재앙이 올 수도 있습니다!

화면 안에는 가면을 쓴 사람이 나와서 목청을 높이고 있었다. 화려한 말로 이슈를 만드는 사이버 렉카 채널이었다.

> ▶ 정부는 단순히 환경 오염으로 인한 현상이라고 발표했지만, 과연 그럴까요? 거대 기업이 회사의 이익을 위해 벌인 자작극*이란 말도 있고, 어느 연구소에서 금지된 실험을 한 결과라는 말도 있습니다. 어쩌면 이 문제엔 우리가 상상도 할 수 없는 충격적인 진실이 감춰져 있을지도 모릅니다!

* 자작극: 남을 속이거나 괴롭히기 위해 거짓으로 꾸며 낸 사건

"기후~우 위기~이? 그게 우리랑 무슨 상관인데! 지긋지긋한 공부를 때려칠 수 있는 것도 아니고."

"저 채널에서 말하는 건 믿고 거르면 돼."

"후, 재미없다. 딴 거 보자."

모두의 반응이 시큰둥했다. 하지만 난 채널에서 보여 준 참혹한 자료 화면이 머릿속에 묘하게 남아 마음이 뒤숭숭해졌다.

분명히 요즘 들어 주변에서 이상한 현상이 벌어지는 일이 잦았다. 학교 가는 길에 토네이도같이 거대한 회오리 모양의 구름을 목격하기도 했고, 어느 날은 동네 길고양이들이 밤새도록 울어 대서 밤을 꼬박 새운 적도 있다.

'이러다 정말로 한여름에 눈이 내리거나, 거대한 파도가 도시를 집어삼키는 일이 벌어지는 건 아닐까? 재난 영화에서처럼 말이지…. 설마 지구가 이대로 멸망하는 건 아니겠지? 그럼, 우리 가족은 어디로 대피해야 하나…?'

사람들의 욕심으로 지구가 병들어 가는 것은 우리가 반성해야 마땅한 일이겠지만, 생각이 꼬리를 물고 이어지니 끝이 없었다. 그만 생각하자. 지금 나한테 중요한 건 한시라도 빨리 교실 밖으로 뛰쳐나가 친구들과 노는 것뿐이니까.

"근데 쌤 왜 안 오시지? 뒷정리도 다 했는데!"

"벌써 십 분이나 지났어. 나 곧 학원 셔틀버스 타야 하는데…"

"사빈아, 홍사빈! 다른 반도 안 끝났는지 한번 봐 봐."

오늘따라 종례가 한없이 늦어지자 나를 포함한 모든 아이들이 초조해하며 시계만 노려보고 있었다.

"얘들아! 내가 얼른 교무실에 다녀와 볼게. 대신 다들 책상에 얌전히 딱 붙어 있어! 괜히 혼나지 않도록."

나는 일어서며 반 아이들에게 말했다. 반장이기도 하지만 원래 성격이 급해 무슨 일이든 직접 나서서 해결하는 것이 더 편했다.

'치지지직_!'

교실 문을 나서려는데 귀가 따갑도록 불쾌한 기계음과 함께 마치 건물 전체가 출렁이듯 복도 풍경이 마구 흔들렸다. 분명 얌전히 켜져 있던 교실 천장의 형광등도 엄청나게 빠른 속도로 깜빡였다. 눈앞이 어지러워 쉽사리 걸음을 옮길 수 없었다. 나는 그만 선 채로 굳어 버렸다.

'이… 이게 무슨 일이지?'

당황해서 주위를 살피니, 갑자기 벌어진 상황에 놀란 반 아이들이 웅성거리고 있었다.

"뭐야! 야! 정전인가 봐!"

"엇! 스마트폰 신호가 안 잡혀! 화면도 안 켜지고!"

몇몇 아이들이 손에 들고 있던 스마트폰을 만지작거리며 소리쳤다.

"어? 네 것도 그래?"

"갑자기 왜 이래? 근처 통신 탑에 불이라도 났나 봐. 애들아! 다들 인터넷 검색해 봐!"

그때 무서운 속도로 깜박이던 형광등이 이내 모두 꺼지고 눈앞이 어둑해졌다. 아까까지만 해도 맑고 화창하던 날씨도 순식간에 먹구름이 끼더니 꼭 태풍이 오기 전처럼 변했다. 불이 다 꺼진 교실은 흐려진 날씨 탓에 더욱 조용했고 뒤숭숭한 분위기가 감돌았다.

"아, 뭐야 대체—!"

누군가가 볼멘소리*를 내뱉은 순간, 교실 천장 중앙에 설

* 볼멘소리: 화가 나거나 서운해서 퉁명스럽게 하는 말투

치돼 있던 빔 프로젝터가 나직이 위잉 소리를 내면서 켜졌다. 이어서 렌즈에서 빛이 뿜어져 나오더니 칠판에 무언가가 비쳐졌다. 이윽고 칠판 한가운데에 시뻘겋고 오싹한 글씨체의 메시지가 떠올랐다.

GAME OVER

'도대체 뭐가 게임 오버라는 거지? 게임을 시작한 적조차 없는데?'

2

하늘에서 내려온 금빛 혜성

반 친구들 모두가 두 눈을 휘둥그렇게 뜬 채 메시지가 뜬 칠판을 숨죽여 바라보았다. 꼭 무슨 일이 일어날 것만 같았다. 하지만 더 이상의 이상 현상은 일어나지 않았다. 두려움이 조금 누그러든 아이들이 웅성대기 시작했다.

"이게 대체 무슨 일이지?"

"게임 오버? 보통 게임에서 졌을 때 뜨는 말이잖아?"

"학교에서 웬 게임?"

"야, 쌤이 우리한테 장난치시는 거 아닐까? 아님 기계에 오류가 났거나."

"아, 난 그냥 집에 갈래. 뭔가 불안해."

우르르 쾅-!

무시무시한 천둥소
리에 여기저기서 비명
이 터져 나왔다. 그 소
리가 너무나도 커서 온
건물이 울리는 듯했다.
모두 귀를 틀어막거나 얼
굴을 감싸쥐었다. 겁에 질
린 아이들 몇몇은 울먹이
기까지 했다.

나는 대체 무슨 일이 일
어나는 건가 싶어 창가로
다가가 밖을 살폈다.

"말도 안 돼…! 이렇게 순
식간에 날씨가 바뀌다니…"

분명 조금 전까지는 환한
대낮이었는데 순식간에 하늘
이 온통 시꺼면 먹구름으로 뒤

덮여 깜깜해져 있었다. 거기다 짙은 안개까지 몰려와 학교 주위의 아파트 단지나 큰길은 보이지도 않을 만큼 눈앞이 흐릿했다. 갑자기 조금 전 친구의 스마트폰에서 본 영상이 생각났다.

'설마 기후 위기 어쩌구 했던 게 지금 갑자기 일어나고 있단 말야?'

그 영상에서 경고했던 일이 이렇게 아무런 예고 없이 내게도 닥칠 줄은 꿈에도 몰랐다.

내가 창가에 서서 밖을 살피는 사이, 교실 한쪽에서 비명이 들려왔다. 나도 모르게 비명이 들려온 곳을 향해 서둘러 달려갔다.

"연준아! 무슨 일이야?!"

"야, 태양아! 나 좀 도와줘! 갑자기 몸이 이상해. 팔다리가 안 움직여!"

단짝 친구 중 하나인 연준이가 공포에 찬 얼굴로 울음을 터뜨렸다. 나는 연준이의 팔다리를 주물러 주려고 손을 잡았다가 깜짝 놀랐다.

"연준아… 네 손 너무 차가워. 그리고 왜 이렇게 딱딱해…?"

그 순간, 나는 다시 놀라서 숨을 삼키고 말았다. 연준이의 눈은 빛을 잃은 채 탁해져 있었고, 온몸은 거리에 세워진 동상처럼 딱딱하게 굳어져 있었다. 발그레하던 피부도, 장난기 넘치던 표정도 모두 물에 젖은 그림 같았다.

연준이의 손을 잡은 채 어쩔 줄 몰라 하는 내 귀에 또 다른 비명 소리가 들려왔다. 나는 연준이가 걱정되어 잠시 망설이다 다른 친구들에게 다가갔다.

모두가 공포에 휩싸여 겁먹은 표정으로 도망가려다가 만 자세로 굳어 있었다. 아직 몸이 굳지 않은 아이들도 마치 로봇의 전원 스위치가 꺼지듯 하나둘 움직임을 멈추기 시작했다.

"얘들아! 정신 좀 차려 봐! 내 말 안 들려?"

나는 아이들 사이를 지나며 한 사람씩 붙잡고 흔들어 보았지만, 아무도 반응하지 않았다.

잠시 후 아이들의 몸이 허공으로 둥실 떠올랐다. 마치 게임에 져서 로그아웃된 캐릭터들 같았다.

교실과 학교는 물론 세상 전체가 텅 빈 것처럼 무척 고요했다.

'뭐지? 왜 나만 아무렇지 않은 거지?'

당황스럽고 두려워서 온몸에 소름이 끼쳤다. 나도 곧 저런 모습이 되는 건 아닐까 하는 생각에 내 몸 구석구석을 한참 살펴보았다. 다행히도 팔다리가 뻣뻣해지다 동상처럼 굳어 버리는 증상은 내겐 일어나지 않는 듯했다.

"왜 나만 멀쩡한 걸까?"

나는 천천히 주변을 살폈다. 정말 나 혼자만 남아 버린 걸까? 그 순간, 어디선가 기척*이 느껴졌다!

'나 말고도 멀쩡한 친구가 있을지도!'

눈물이 날 만큼 반가워 기척이 난 곳을 향해 달려갔다. 사람이다! 기쁜 마음에 팔을 잡아당기며 얼굴을 보았다. 그러자 그 아이도 놀랐는지 눈을 마주 보았다. 어…?

"박샛별?"

'아아… 하필 이 상황에….'

사는 곳은 누구보다 가깝지만, 마음의 거리는 지구와 화성만큼 먼 샛별이었다. 이 상황에 멀쩡한 모습으로 내 곁에 남

* 기척: 사람이 있는 것을 상대에게 전할 의도로 내는 소리나 기색

은 단 한 사람이 하필 샛별이라니! 그래도 혼자인 것보다는 낫겠지.

나는 싫은 티를 내지 않으려고 애쓰며 샛별에게 말을 걸었다.

"방금 벌어진 일 너도 봤어? 이거 꿈 아니지?"

내가 겪고 있는 일이 꿈인지 현실인지 여전히 구분되지 않아 샛별에게 확인하듯이 따져 묻자 갑자기 얼굴에 무언가가 닿았다.

"자—."

갑자기 샛별이 양손으로 내 볼살을 쥐더니 가로로 쭉 잡아당겼다.

"아야! 왜 갑자기 남의 볼을 아프게 잡아당겨!"

"현실 맞네. 고작 이 정도로 아프다고 엄살떠는 거 보니까."

"네 볼을 꼬집어 보면 되잖아!"

"바보야. 그럼 아프잖아."

'아니, 아픈 걸 알면서 나한테는 왜 그런 거냐고!'

나는 애써 화를 억누르며 샛별에게 다시 물었다.

"너는 괜찮아? 움직일 수 있어?"

"응."

"근데 왜 가만히 있었어? 하마터면 있는 줄도 모를 뻔했 잖아."

"상황이 심상치 않아서 일단 얌전히 있는 편이 좋겠다고 판 단했을 뿐이야."

귀찮은 걸 몹시도 싫어하고, 매사에 시큰둥하고 냉정한 성 격 때문인지 샛별은 아직 괜찮아 보였다. 하지만 샛별이를 알 고 지낸 시간이 긴 만큼 평소와는 달리 목소리가 약하게 떨리 는 걸 금방 알아챌 수 있었다.

"도대체… 무슨 일이 벌어지고 있는 걸까?"

"모르겠어. 나도 이런 일은 처음 겪어 봐서."

내 물음에 샛별이 굳은 표정으로 고개를 저으며 답했다. 주 변을 둘러보던 샛별의 얼굴이 더욱 어두워졌다.

"채영이랑 혜린이까지…. 어떡하면 좋아."

샛별이 한숨을 내쉬며 말했다. 가장 친한 단짝들까지 모두 굳어 버린 것을 보고 기운이 빠진 모양이었다.

나는 종례 시간에 아이들과 함께 보았던 영상에 대해 이야기했다. 내 이야기를 듣던 샛별이 되물었다.

"이게 이상 기후 때문인 것 같다고?"

"그렇지 않을까? 그게 아니라면 이 모든 게 설명이 안 돼."

"그러고 보니 요즘 뉴스에서 하루 종일 똑같은 이야기를 떠들어 대긴 했지…. 날씨가 변덕스러우니까 일기 예보를 잘 살피고 주의하라고."

"그러니까. 이 어두운 하늘도 그렇고…. 그렇다고 영화에서처럼 갑자기 외계인이 침공한 건 아닐 테고."

　처음 겪는 말도 안 되는 상황에 머릿속이 복잡해져서 별별 생각이 다 들었다.

"샛별아… 우리 이제부터 어떻게 하지? 학교도, 친구들도, 스마트폰도 다 멈춰 버리고…. 선생님들은 다 어디로 사라지신 건지…."

"일단 학교 밖으로 나가자. 집에 돌아가서 부모님들이 무사하신지 확인하고, 경찰서에도 상황을 알리자고."

　샛별의 말대로 지금으로선 우리가 할 수 있는 일은 그것뿐이라는 생각이 들었다. 우리는 돌처럼 딱딱해진 친구들에게 눈으로 인사한 후 각자 가방을 챙겨 교실을 나섰다.

어두컴컴한 복도에도 굳어 버린 아이들이 여기저기 둥실 둥실 떠 있었다. 마치 공포 영화의 한 장면 같았다. 다른 반은 어떤지 살펴보려고 했지만, 모두 문이 꽉 닫혀 있어 안이 잘 보이지 않았다. 흐린 날씨 탓에 으스스한 그림자가 곳곳에 드리워져 있었다. 내 기억 속 학교의 모습과는 전혀 달랐다.

'이 상황을 어떻게 해결해야 할까? 엄마랑 아빠는 모두 무사할까?'

이런저런 생각에 자꾸만 머릿속이 복잡해지는 걸 막으려고 몸을 재빨리 움직였다. 최대한 빠르게 학교를 빠져나오기 위해 내려가는 계단을 향해 돌아서려는데…!

갑자기 길쭉한 동상에 부딪힌 나는 소스라치게 놀라고 말았다.

"헉!"

"꺅! 선생님!"

샛별이 놀라 소리쳤다.

'뭐? 선생님?'

동상을 자세히 들여다보니 우리 반 담임인 노영준 선생님

이었다.

"선생님까지…!"

나는 절망감에 휩싸여 주먹을 꼭 쥐었다. 그 모습을 보던 샛별이 길을 재촉했다.

"빨리 나가서 다른 어른들을 찾아보자."

나는 고개를 끄덕이며 차마 떨어지지 않는 발걸음을 억지로 옮겼다.

겨우 학교 건물을 빠져나온 우리가 운동장 한복판을 가로질러 교문으로 향하는 순간, 머리 위에서 폭탄이 터지는 듯한 커다란 소리가 울려 퍼졌다.

"깍—!"

"이번엔 또 뭐야!"

나는 반쯤 울고 싶은 심정으로 소리가 나는 곳을 향해 고개를 들어 올렸다.

머나먼 하늘 저편에서 눈부신 점 하나가 반짝이는 것이 보였다. 처음에는 작은 빛으로 보이던 것이 빠르게 다가오면서 점점 커지더니, 이내 강렬하게 타오르는 긴 꼬리를 이끌고 나타났다. 그와 동시에 어두운 하늘 한구석이 불타는 것처럼 새

빨갛게 물들었다.

　그 광경을 두 눈을 비비며 다시 확인했다. 말로만 듣던 혜

성이 저걸까?!

　"대체 저건 뭐지?!"

3

차원의 문을 건너다

금빛 혜성은 가까이 다가올수록 점점 더 밝고 커져 거대한 불꽃이 되었다. 뜨거운 공기가 소용돌이치며 엄청난 에너지를 내뿜었다.

"이쪽으로 떨어지는 것 같은데?"

우리는 미처 달아날 생각도 하지 못한 채 다가오는 혜성을 멍하니 바라보았다. 순간 퍼뜩 정신이 든 내가 먼저 소리쳤다.

"어서 피하자!"

가까스로 피한 순간, 혜성이 땅에 곤두박질쳤다. 우리가 서 있던 자리에서 멀리 떨어지지 않은 곳이었다.

그 충격으로 학교 건물이 무너질 것처럼 위태롭게 흔들리더니 모든 유리창이 깨져 파편이 사방으로 튀었다. 엄청난 충격에 눈을 감고 귀를 틀어막았다. 나는 부디 이 순간이 무사히 지나가기만을 바라고 또 바랐다.

우리는 먼지가 풀풀 휘날리는 운동장에 주저앉아 한참 동안 콜록거렸다. 폭풍같이 몰아치던 운동장의 모래 먼지가 가라앉고 나서야 조금씩 정신을 차릴 수 있었다.

"박샛별! 괜찮냐?!"

대답은 없었지만 기침 소리를 들으니 괜찮은 것 같았다.

"정말 최악인 하루야. 목숨이 열 개라도 부족하겠어."

나는 이마에 맺힌 식은땀을 옷소매로 닦으며 샛별의 기침 소리가 들리는 곳으로 다가갔다.

"쿨럭. 으… 온몸이 먼지투성이가 됐잖아! 정말 싫어!"

샛별이 몸에 붙은 먼지를 털어 내며 불평했다. 평소에도 몹시 깔끔을 떠는 아이라 이 상황이 그 누구보다 마음에 들지 않을 것이다. 그래도 화낼 기운이 있는 걸 보니 괜찮아 보였다.

"어, 그래…. 안 다쳤으면 다행이고."

나는 샛별의 짜증을 흘려들으며 혜성이 떨어진 곳을 향해 고개를 돌렸다. 본능적으로 호기심이 솟아올라 그것이 정확히 무엇인지 확인하고 싶었다.

"박샛별! 우리 저기에 가까이 가 보자."

내 말에 샛별은 질린다는 표정으로 나를 노려보았다.

"가까이 다가가 보겠다고? 갑자기 위험한 거라도 나오면 어떡해."

"그치만 이 상황을 해결할 실마리가 있을지도 모르잖아!"

"아니, 왜 우리가 이 상황을 해결해야 하는 거야! 난 싫어! 안 해!"

저 냉정한 아이는 친구들과 선생님이 걱정되지도 않는 걸까?

"그러지 말고~ 한번 가 보자! 부모님들에게도 같은 일이 벌어졌다면 멀쩡한 우리가 어떻게든 해결책을 찾아봐야지."

부모님들 이야기에 샛별이 슬픈 표정을 지으며 잠시 생각에 잠겼다. 나는 그 모습을 가만히 지켜보았다.

고민을 끝낸 듯 샛별이 턱을 괴고 있던 손으로 나를 가리키며 말했다.

"그럼, 네가 앞장서. 갑자기 이상한 게 튀어나올 수도 있으니까."

"지금 나더러 너 대신 몸으로 때우라는 거야?"

심각함도 잠시, 우리는 옥신각신*하며 조금씩 앞으로 나아
갔다. 혜성이 떨어진 곳 주변의 땅이 분화구처럼 움푹 파여
있었다. 그 크기가 어마어마해서 5층 건물 하나쯤은 들어가
고도 남을 것 같았다. 엄청난 힘으로 땅에 부딪힌 탓이겠지?

자욱한 먼지가 걷히자, 그곳에 거대한 무언가가 놓여 있는
것이 보였다. 조심스레 가까이 다가가 보니 웅장한 생김새의
커다란 황금색 문이었다.

"와… 이거 진짜 황금일까?"

문을 둘러싼 금색 테두리에는 알 수 없는 문양과 글자가 새
겨져 있었고, 부서진 바윗덩어리들이 허공에 떠오른 채 주위
를 느릿느릿 맴돌고 있었다. 문틈 사이가 조금 벌어져 있었는
데, 처음에는 텅 빈 것처럼 보였지만 자세히 보니 여러 갈래
의 빛줄기가 엉켜 있는 미지의 우주 공간 같은 모습이 펼쳐져
있었다.

"와아… 이런 건 대체 무슨 원리로 작동하는 거지?"

* 옥신각신: 서로 옳으니 그르니 하며 다툼

문을 보고 호기심이 일었는지, 웬일로 샛별이 신기하다는 듯 조금 더 가까이 다가가서 관찰하려고 했다. 하지만 문 주위에 투명한 유리막 같은 게 가로막고 있어서 더는 접근할 수 없었다. 마치 아무나 들어올 수 없다는 경고처럼.

한참 동안 문을 요리조리 살펴보는데, 갑자기 본능적으로 무언가를 느낀 것처럼 온몸에 소름이 돋았다. 그러면서 갑자기 눈앞이 환해지더니, 이내 나와 샛별의 머리 위에 황금색으로 눈부시게 빛나는 표식이 떠올랐다.

표식은 별 모양과 비슷했는데, 왠지 모르게 어디서 많이 본 것처럼 익숙한 느낌이었다.

"이건 또 뭐야? 왜 내 머리 위에 이런 게 나타났지?"

표식을 향해 손을 뻗어 보았지만 만져지지는 않았다. 손을 휘휘 내저어도 표식은 흩어지지 않고 오히려 더 또렷하고 환한 빛을 내뿜었다.

"이태양. 이러다 또 무슨 일이 벌어지는 게 아닐까?"

샛별이 겁먹은 표정으로 말했다.

문득 오늘 일어난 모든 일들이 떠올랐다. 어쩌면… 이 모든 게 우연이 아닐 수도 있지 않을까. 친구들과 선생님은 동상처

럼 굳어 버렸고, 눈앞에는 커다란 혜성과 함께 황금 문이 떨어졌다. 이런 일을 하루 동안 연달아 겪을 확률이 과연 얼마나 될까. 나도 모르게 주먹을 쥔 손에 힘이 들어갔다.

"박샛별. 아까 교실에서 빔 프로젝터가 켜지면서 '게임 오버'라고 뜬 거 기억나? 그런 다음에 날씨도 변하고, 애들 상태도 이상해졌잖아."

나는 계속해서 말을 이었다.

"그 메시지대로라면 다시 게임을 시작할 수도 있지 않을까?"

나는 머리 위의 표식을 가리켰다.

"내 생각엔 이 표식이 우리에게 어떤 메시지를 전달하려는 것 같아. 우리가 해야 하는 역할이나 미션을 알려 주는 거지. 마치 어떤 게임에 초대된 플레이어들처럼."

어쩌면 저 문 너머의 무언가가 해결의 실마리가 될 수도 있을지 모른다는 강한 직감이 나를 이끌었다.

"우리… 저 문 안으로 들어가 보자!"

내 말을 들으며 한동안 생각에 잠겨 있던 샛별이 고개를 내저었다.

"글쎄. 난 별로 좋은 생각이 아닌 것 같아."

샛별은 팔짱을 낀 채 눈썹을 찌푸리며 말을 이었다.

"이태양. 너, 영화를 너무 많이 본 것 같아. 우린 고작 초등학생일 뿐이야. 여기서 이러고 있을 게 아니라 어른들을 데려오자."

"그 어른들이 모두 선생님처럼 됐다면 어떡할래!"

내 반박에 샛별이 입을 꾹 다물었다. 대꾸할 말이 떠오르지 않는 모양이었다.

"하지만 난 세상에서 불확실한 일, 위험한 일, 그리고 내 책임이 아닌데 떠맡아야 하는 일이 제일 싫단 말이야!"

샛별이 다물고 있던 입을 어렵게 떼더니 흥분한 듯 부정적인 말을 마구 쏟아 냈다.

"그리고 너, 저 문 너머에 뭐가 기다리고 있을 줄 알고? 한 번 들어가면 다시는 현실로 못 돌아올 수도 있어!"

샛별은 고집이 셌다. 자신이 한 번 옳다고 생각하면 결코 물러서는 법이 없었다. 이럴 때 샛별의 주장이나 고집을 꺾기란 어려웠다.

"네 생각이 정 그렇다면 어쩔 수 없지. 그냥 나 혼자 가 보는 수밖에."

하지만 역시 나도 혼자서는 무서웠다. 나는 일부러 샛별이 들으란 듯이 큰 소리로 말하며 걸음을 느릿느릿 옮겼다.

"너는 가서 어른들 불러오든가~."

순간 무언가에 발이 걸려 넘어질 뻔했다.

"으앗, 차차차…. 근데 이건 뭐지?"

문 주위에 황금으로 된 기묘한 조각들이 떨어져 있었다. 자세히 살펴보니 일정한 규칙이 있었다. 순간 번뜩이는 아이디어가 떠올라 그중 하나를 집어 들고 아무렇지 않은 듯 샛별에게 말을 걸었다.

"야, 박샛별─! 이거 퍼즐 같은데? 문을 가로막고 있는 투명 유리막을 해제하려면 이걸 맞춰야 하나 봐~!"

"뭐?! 퍼즐이라고?"

고개를 획 돌리며 되묻는 샛별의 표정이 환하게 밝아져 있었다. 역시 걸려들 줄 알았다니까. 나는 남몰래 씨익 웃었다.

샛별은 어려서부터 남들이 풀다가 포기한 수학 문제나 복잡하게 꼬인 매듭, 매직큐브 등을 푸는 걸 아주! 몹시! 좋아했다. 조각의 규칙을 발견한 순간, 이 얘길 하면 참새가 방앗

간 앞을 못 지나치듯 걸려들 게 틀림없어 보였다. 예감 적중
이다!

"잠깐! 퍼즐이라면 내가 맞춰 줄게! 하, 하지만 딱 이것만
이야!"

샛별은 정말 내키지 않는다는 듯이 투덜대며 다가오더니
나를 밀쳐 내고 퍼즐 조각들 앞에 금세 자리를 잡았다.

"어디 보자, 뭐부터 시작해야 할까나~?"

조금 전까지 부모님 얘기에 울적해하던 애가 맞는지. 역시
좋아하는 것 앞에서 유혹을 버텨 낼 사람은 없다.

순식간에 퍼즐 맞추기에 푹 빠진 샛별은 온 신경을 집중하
기 시작했다. 시간이 좀 더 흐르니 입이 오리처럼 비죽 나왔
다. 아, 저 입. 샛별이 좋아하는 일에 빠져 있을 때 짓곤 하는
표정이다. 저걸로 자주 놀려 먹었지.

"음… 나는 별로 도움이 안 될 것 같은데 뒤로 물러나 있
을까?"

샛별에게 맡겨 두고 슬그머니 뒤로 물러나 한숨 돌리려고
했는데 순식간에 목덜미를 잡혔다.

"스톱! 가긴 어딜 가? 옆에서 모양이나 색깔이 비슷한 조각

을 찾아서 분류라도 해 둬!"

곧바로 불호령 같은 지시가 떨어졌다. 나는 어느새 샛별의 조수가 되어 시키는 대로 고분고분 따르고 있었다. 아니, 왜 늘 이렇게 되는 거야!

우리는 우선 조각들을 주의 깊게 살폈다. 조각은 다양한 모양과 크기로 이루어져 있었는데, 특이한 문자와 그림이 새겨져 있었다.

맞추는 일도 생각보다 쉽지 않았다. 잘 맞춰지는 것 같다가도 꼭 한 조각이 어긋나 처음으로 돌아가야 할 때가 많았다. 정확한 위치와 방향을 찾기 위해서 일부 조각들을 교차*시키거나 회전하는 것 같은 다양한 방법을 동원해야 했다.

그래도 빈자리에 딱 들어맞는 조각을 찾으면 무척 만족스러웠다. 인내심을 가지고 한 조각씩 맞추다 보니 어느 순간 전체 퍼즐을 완성할 수 있었다.

퍼즐 조각을 다 맞추고 나니 전체 그림이 무엇인지 한눈에 파악할 수 있었다. 완성된 그림은 어떤 지역을 나타낸 지도처럼 보였다.

* 교차: 서로 엇갈리거나 마주침

순간 다 맞춘 황금 퍼즐 판이 반짝이며 두둥실 떠오르더니, 한 장의 지도로 변해 우리 손 위에 살포시 내려앉았다. 지도 윗부분에 쓰여 있는 글자가 눈에 들어왔다.

"골드랜드? 처음 듣는 이름인데?"

"이 문으로 통하는 세계를 말하는 걸까?"

일렁이는 저 문 너머의 세계라고 생각되니 호기심이 마구 솟구쳤다. 나는 두근거리는 마음을 진정시키며 생각했다. 대체 골드랜드는 어떤 곳일까? 여기와는 완전히 다른 세상일까? 숙제도 학원도 없는 곳일까? 웹툰 속의 멋진 주인공처럼 살 수도 있을까?

'우우우우웅ㅡ'

갑자기 황금으로 된 문이 엔진을 가동하는 것 같은 묵직한 소리를 내며 주변의 에너지를 끌어모으기 시작했다. 나는 깜짝 놀라서 지도를 움켜쥐었다.

"대체 이번엔 또 뭐야…?"

불안한 눈빛으로 문을 바라본 순간, 여러 빛줄기가 뒤섞이면서 문틈 사이가 점점 벌어졌다. 공간이 문 틈새 너머로 흘러넘치는 것 같다고 생각한 순간, 엄청난 떨림과 함께 거센

파도가 몰아치는 듯한 파동이 일었다.

곧 열린 문틈으로 뿜어져 나온 차원 너머의 강력한 힘이 우리를 문 안으로 끌어당겼다. 샛별과 나는 끌려가지 않으려고 안간힘을 쓰며 버텼지만, 너무도 강력한 힘에 오래 버티지 못하고 차례로 빨려 들어갔다.

아득한 시공간 사이에서 몸이 이리저리 휘둘렸다. 어지럽고 토할 것만 같았다. 붙잡을 것 하나 보이지 않자 나도 모르게 한 손에 지도를 꽉 움켜쥐었다.

그렇게 우리는 시간과 공간을 넘어 다른 세상으로 날아갔다. 신비의 세계 골드랜드를 향한 첫 여정이었다.

4

황금 악마 숭배자를 피하라

발 디딜 곳 없이 매우 넓고, 오색 빛이 뒤섞인 공간이었다. 우리는 무서운 놀이기구를 탄 것처럼 어지러이 흔들리며 어딘가로 한참 날아갔다.

볼록 렌즈와 오목 렌즈를 번갈아 낀 것처럼 주변 공간이 일그러지고 뒤틀려 보였다. 그 외에도 엄청나게 많은 풍경이 지나갔지만, 정신없이 휩쓸리느라 대부분 잊어버렸다.

여름방학 때 항공 우주 박물관에서 무중력 상태를 체험했던 것이 떠올랐다. 그때의 열 배, 아니 백 배도 넘는 시간이 흐른 듯했다.

그러다 갑자기 눈부신 빛이 눈앞을 가득 채우더니, 마치 거울이 깨지듯 무언가의 경계가 허물어지며 익숙한 하늘 풍경이 보였다. 어? 잠깐만, 하늘?

"으아아아아아아아악—!"

"끼아아아아아아아아악-!"

우리는 공중에서 땅으로 떨어지고 있었다. 아무런 안전장치도 없었기에 추락하지 않으려고 허공에서 열심히 팔다리를 허우적거렸다. 어떻게 할 방법이 없어 마지막엔 눈물만 나왔다.

땅과 점점 가까워지는 중에 다행히 주변에 무성한 숲이 보였다. 나는 황급히 샛별을 바라보며 외쳤다.

"박샛별! 최대한 서로 붙자!"

얼굴이 새파랗게 질려 정신이 없는 상황에서도 내 말을 들었는지 샛별이 열심히 팔다리를 휘저었다. 나도 최대한 움직여 서로의 간격을 좁히려고 애썼다.

"그래, 옷! 옷! 상의를 최대한 풀어 헤쳐서 넓게 펴!"

제발 저 울창한 숲 나뭇가지 어딘가에 걸려 주기를 바라며 우리는 입고 있던 옷을 최대한 넓게 풀어 헤쳤다. 숲이, 나무가 거의 코앞에 닥쳐왔다.

"읍푸푸푸푸푸풋!"

할 수 있는 한 옷을 넓게 펼치려 애쓰던 것도 잠시, 나도 모르게 팔로 머리를 감싸 쥐었다. 날카로운 나뭇가지와 잎사귀들이 온몸을 사정없이 때렸다. 나는 두려움에 두 눈을 꼭 감았다. 이대로 죽고 마는 걸까?!

온몸을 때리는 통증과 소음이 잦아들었다 싶은 순간, 거의 정신을 잃을 뻔했다가 다행히 금방 눈이 떠졌다. 당황해서 눈을 이리저리 굴리며 주변을 살펴보니, 떨어지면서 봤던 풍경이었다. 죽어서 저세상에 간 건 아닌 듯해 안도의 한숨을 크게 내쉬었다.

"후유~ 겨우 살았다….."

살아 있다는 걸 확인하고 나서 주변을 더 자세히 살펴보았다. 떨어질 때 갑자기 떠오른 생각대로 상의를 마구 풀어 헤쳐 나뭇가지에 걸릴 면적을 넓게 만드는 작전이 먹혀든 모양이었다. 그런데… 박샛별은 어디 있지?

"박샛벼어얼! 너 살아 있어어어어?"

최대한 목소리를 크게 키워서 샛별을 불러 봤다. 대답이 없다. 어라?

당황해서 더욱 목청을 키워 샛별의 이름을 다시 부른 순간, 히엑? 뭐지?

무언가가 내 눈앞을 빠르게 지나간 뒤 툭 떨어졌다. 떨어진 물체를 자세히 보니 베이지색… 운동화 한 짝?! 설마…!

위를 올려다보니 가까운 나뭇가지에 익숙한 옷소매가 보였다.

"박샛별! 정신 차려!"

샛별을 향해 크게 소리치니 다행히 서서히 눈을 뜨기 시작했다.

"정신이 들어? 나 누군지 알아보겠어?"

"시끄러워. 머리 울리잖아."

샛별은 여전히 퉁명스러운 태도로 대답했다. 아니, 자기를 걱정해 주는 사람한테까지 이렇게 쌀쌀맞을 필요가 있을까 하는 생각이 잠시 스쳤다.

"어쨌든 우리 둘 다 무사한 것 같은데… 어디 다친 데는 없어?"

"일단 상처는 없어 보여. 하지만 무지무지 짜증 나는 상태야. 지금 내 꼴이."

우리는 약간 떨어진 나무에 각각 다른 높이로 걸려 있었다. 아까는 나무에 걸린 채여서 사방을 제대로 살필 수 없었기에 샛별을 금방 발견하지 못했다.

샛별은 정신이 들자마자 옷매무새를 정리하고 있었다.

"내 옷들이…. 이게 다 너 때문이야! 난 분명히 안 가는 게 좋겠다고 했는데!"

"이 상황이 왜 나 때문이냐! 기껏 아이디어 내서 살려 줬더니!"

나와 샛별은 나무에 매달린 상태로 서로를 향해 으르렁거렸다.

"퍼즐 보자마자 풀겠다고 먼저 나선 게 누구였더라? 내가 억지로 시켰어?"

"다 맞추자마자 곧바로 황금 문이 작동할 줄은 몰랐지! 괜히 너랑 다니다가 나까지 귀찮은 일에 휘말린 거잖아!"

"박샛별! 우리 말은 똑바로 하자! 너도 반쯤은 동의한 거 아니야?!"

샛별이 머리 끝까지 화가 난 표정으로 나를 째려보며 말했다.

"분명히 말해
두겠는데, 다시 돌
아갈 수 없게 되면 진
짜 가만 안 둘 거야!"
"그러시든지~. 가만 안
둔다는 사람치고 무서운
사람 없더라~."
옥신각신하며 한없이 이어질 것 같
던 말다툼이 정리된 것은 순식간이었다. 우
리를 겨우 지탱하고 있던 나뭇가지들이
무게를 이기지 못하고 뚝 부러져 둘 다
땅에 곤두박질쳤다. 무성히 자라난 풀
덕분에 크게 다치지는 않았지만, 여기
저기 부딪힌 데가 아프고 쑤셔 왔다.
하필 이렇게 성격이 안 맞는 두

사람이 함께 다녀야 하
는 상황에 놓이다니!
하지만 다른 해결
책은 없다. 어쨌
든 이 낯선 세상에서
살아남기 위해서는 서로
최대한 협력하는 수밖에.

"이제부터 뭘 어쩔 생각이야?"

"일단 여기가 정확히 어딘지부터 알아야 할 것 같
은데."

차원을 넘어오면서도 지켜 낸 골드랜
드 지도를 펼쳐 보았지만 갓
도착한 우리가 이곳의 정
확한 위치를 알 리가 없
었다. 어쨌든 얼핏 보기에도

어떤 높은 산의 중턱인 것은 분명했다. 끈기 있게 관찰하다 보니 우거진 숲 사이로 저 멀리 사람이 사는 집 같은 건물들이 보였다.

특이한 동식물이 가득한 자연환경이나 신비로운 건축물이 세워진 세상을 기대했던 나는 조금 실망스러웠다.

"생각보다 평범한데? 인증샷 찍을 곳도 없고. 나중에 애들한테 자랑하려고 했는데….."

그러자 샛별이 얼굴을 찌푸렸다.

"폰도 안 켜지는데 이 상황에 무슨 인증샷이야. 하여튼 관심받고 싶은 것도 병이라니까. 관심받고 싶어서 안달이 난 이태양!"

어휴, 쟤 앞에서는 무슨 말을 못 하겠다니까.

그때 저 멀리서 바퀴 굴러가는 소리, 쇠끼리 부딪치는 소리, 망치로 돌을 깨는 소리가 마구 뒤섞여서 들려왔다. 가까운 곳에 누군가가 있는 모양이었다.

"이태양. 저들이 사람일지 아닐지 모르지만 일단 가서 이곳에 대한 정보를 얻자. 마을로 내려가려면 어느 길로 가야 하는지도 물어보고."

샛별의 말을 따르기로 하고서 우리는 곧바로 소리가 나는 곳 쪽으로 향했다. 저 멀리 보이는 깎아지른 낭떠러지가 보이는 험난한 산길을 따라 걸어가니 그곳에는 광산의 입구처럼 보이는 널찍한 구멍이 있었다.

그 앞에는 파헤쳐진 흙과 돌이 무더기로 쌓여 있었고, 자물쇠가 채워진 몇 개의 나무 상자가 눈에 띄었다.

"저것 봐! 사람이야!"

우리와 다른 모습의 생명체가 사는 세상이 아닐까 걱정했는데 같은 사람이라니! 너무나 반가웠다.

사람들은 노래를 흥얼거리며 삽과 망치를 들고서 구슬땀을 흘리고 있었다. 몇몇 사람들은 수레 가득 광석을 싣고 철로를 따라 걸어 나오는 중이었다.

"저기…."

그들에게 말을 걸기 위해 다가가려던 순간, 귀를 찢어 놓을 듯이 째지는 나팔 소리와 함께 한 무리가 광산 입구를 향해 몰려오고 있었다.

그 행렬이 나타나자, 학교에 이상한 일이 일어났을 때처럼 평화로웠던 숲이 순식간에 어두운 그림자로 뒤덮였다. 행렬

곳곳에는 검은 깃발이 펄럭이고 있었고, 마차 위에는 무섭게 생긴 악마 모양 동상이 세워져 있었다.

그들은 모두 검은색 망토를 뒤집어썼으며 괴상하게 생긴 장식을 지니고 있었다. 피부는 창백했고, 눈은 어둡고 깊게 푹 들어가 있었다. 또 온몸이 해골처럼 바짝 말라 있어서 살아 있는 사람들처럼 보이지 않았다.

"저 사람들은 또 뭐야?"

"일단 숨어! 위험할 수도 있으니 상황을 지켜보자."

불길한 예감에 우리는 재빨리 수풀 사이에 숨었다. 광산 입구 주위로 숨 막히는 긴장감이 감돌았다.

"황금 악마 숭배자*들이 나타났다!"

"다들 상자를 지켜! 빼앗기면 우리 마을은 끝장이다!"

사람들은 검은 망토 무리가 무서워 벌벌 떨면서도 상자 앞을 가로막고 서서는 필사적으로 버텼다. 그들에게는 무척 소

* 숭배자: 어떤 사람이나 물건, 신 등을 우러러 믿고 따르는 사람

중한 것이 상자 안에

들어 있는 모양이었다.

"황금 악마님의 명령이다.

순순히 상자를 내놓아라!"

검은 무리의 대장처럼 보이는 인물이 앙상한

손가락으로 상자를 가리켰다. 그래도 사람들이 물러설 기미

가 보이지 않자 위협적인 목소리로 협박하듯 말했다.

"물러서지 않으면 네놈들이 사는 도시까지 불바다로 만들

것이다!"

숭배자들의 위협에도 불구하고 사람들은 온몸을 던져 상자

를 지키려 했다.

"이것만은 절대 안 돼!"

그러자 검은 망토의 무리들이 허공에 손을 저어 빛나는 붉은색 선을 만들어 내더니 그 선으로 복잡한 그림을 그렸다. 완성된 그림이 점점 커지면서 흘러나온 몹시 불길한 기운이 이윽고 사람들과 상자를 덮쳤다. 사람들이 비명을 지르며 쓰러졌다. 뒤에 있던 상자도 폭발하듯 부서졌다. 눈부시게 빛나는 무언가가 상자 밖으로 와르르 쏟아져 나왔다.

"저건…! 황금이잖아?"

나는 놀라서 벌어진 입을 양손으로 황급히 틀어막았다. 허름해 보이는 산속 동굴이라고만 생각했는데, 알고 보니 황금이 묻힌 광산인 모양이었다.

샛별이 한껏 낮춘 목소리로 날 불렀다.

"야, 저 사람들 좀 봐. 뭔가 분위기가 달라졌어."

우리는 들키지 않기 위해 숨을 삼키며 검은 망토 무리의 변화를 지켜보았다. 무표정하고 차가웠던 얼굴들이 황금을 보자마자 미친 듯이 이글거리는 두 눈으로 빛났다. 그들은 흥분과 기쁨으로 입을 길게 벌린 채 웃고 있었다.

"황금이다! 빛이 부르고 있다!"

"황금의 힘을 손에 넣는 건 나야!"

그들은 앞다투어 황금을 향해 달려들었다. 서로 자신이 가지겠다며 아우성쳤다. 황금 앞에 엎드려 절을 하는 사람도 있었다. 그들이 비정상적으로 황금에 욕심을 내고 집착하는 것을 본 순간 등골이 서늘해졌다.

"까악, 까악."

그때 까마귀 몇 마리가 날아와 우리가 숨어 있는 수풀 위를 맴돌기 시작했다. 검은 망토 무리가 키우는 정찰*용 까마귀인 모양이었다.

순간, 검은 망토 무리의 매서운 시선이 일제히 우리가 숨은 곳을 향했다. 그 모습이 더욱 기괴하고 무서워서 심장이 두근거렸다.

"또… 누가 있는 모양인데…?"

"거기 누구냐? 어서 나오지 못해!"

"어리석은 놈들! 감히 우리가 하는 일을 엿보다니!"

검은 무리들이 고함을 치며 우리 주변을 빠르게 에워싸기 시작했다.

"망했다! 들켰나 봐!"

* 정찰: 적의 상황이나 주변 환경을 살피는 일

당황해서 또 입 밖으로 소리가 나오고 말았다. 곁에서 샛별의 따가운 눈총이 느껴졌다.

'하… 이걸 어떡하지….'

그 순간, 샛별이 나를 향해 손짓하더니 입 모양만으로 이렇게 말했다.

'일. 단. 튀. 자.'

나도 소리 없이 입 모양으로 대답했다.

'어. 디. 로?'

빠르게 주위를 살폈지만, 순식간에 사방이 포위되어 달리 도망갈 만한 길은 보이지 않았다. 지금 상황에서는 도무지 도망칠 구석이 없어 보였다.

그때 샛별이 다시 손짓발짓으로 속삭였다.

"저 황금 광산 안으로!"

샛별과 시선이 마주침과 동시에 우리는 누가 먼저랄 것도 없이 젖 먹던 힘을 다해 달리기 시작했다.

쫓아오는 검은 무리에게 뒷덜미가 잡힐 뻔한 것을 가까스로 피하며 우리는 정신없이 달렸다. 중간부터는 숨이 턱 끝까지 차올라 머리가 새하얘져 앞이 제대로 보이지 않을 지경이었다.

마침내 황금 광산 안에 들어서자마자 둘이 함께 힘을 모아 끙끙대며 황금 광산의 문을 고정하고 있던 쇠 지렛대를 빼 냈다. 그러자 열려 있던 문이 시끄러운 소리를 내더니 육중하게 진동하며 완전히 닫혔다.

아슬아슬한 차이로 우리를 놓친 검은 무리가 밖에서 문을 거세게 두드렸지만, 다행히 당장 안으로 들어올 방법은 없는 듯했다.

"와… 진짜로 잡히는 줄만 알았어…."

"너…는 말할… 기운이… 남아 있…"

샛별은 숨쉬기도 힘든 모양이었다. 그러니까 평소에 운동 좀 하지.

우리는 숨을 고르며 자리에 주저앉았다.

이제 살았다는 안도감 때문에 긴장이 완전히 풀렸는지 몸에 아무 힘이 없었다. 아니면 골드랜드의 이상한 기운이 내 체력을 빼앗아 간 걸지도….

5

고대 정령 '글리머'와의 만남

검은 무리를 따돌리고 동굴 안에 갇혀 버린 우리는 숨을 조금 돌린 후, 밖으로 나갈 수 있는 다른 출구가 있을지 탐험해 보기로 했다.

벽에 걸려 있던 횃불을 챙겨 들고 캄캄한 어둠 속을 걸으니 내 그림자가 바닥에 길게 늘어져 보였다. 황금 광산이라기에 내부가 번쩍번쩍할 줄 알았는데, 암석으로 둘러싸인 통로가 끝없이 이어질 뿐이었다.

우리는 동굴 여기저기에 널린 상자나 사람들이 쓰던 채굴 장비를 뒤지며 쓸 만한 도구가 있는지 찾아보았다. 열심히 뒤진 덕분에 주머니칼이나 통에 든 물약, 가죽 장갑 같은 걸 얻

을 수 있었지만⋯ 뭐, 특별할 건 없어 나도 모르게 한숨이 나왔다.

"모험도 좋지만⋯ 잠깐만 집에 다녀오고 싶다."

"왜, 엄마, 아빠가 보고 싶어? 울고 싶으면 울어도 돼. 내가 특별히 못 본 척해 줄게."

"그런 뜻으로 한 말 아니라고!"

박샛별, 이 차가운 아이⋯! 울 일이 있더라도 저 아이 앞에서는 입술을 깨물고 참아야겠다고 결심했다.

골드랜드에 와서 깨달은 것 하나는 가상의 세계가 상상했던 것과는 전혀 다르다는 사실이었다. 애니메이션이나 영화에서처럼 다른 세계로 넘어오면 초인이 되어 뭐든지 할 수 있을 것만 같았는데, 실상은 넘어지면 진짜로 다치고, 달리면 숨도 차고⋯ 그리고 무엇보다도 배가 몹시 고팠다.

"박샛별. 넌 배 안 고파⋯?"

"조금. 하지만 먹을 게 없잖아. 좀 참아 봐."

황금 문을 통과해 이곳으로 넘어오는 과정이 험난했지만 다행히 메고 있던 가방이 아직 멀쩡했다. 혹시나 하는 마음에 가방을 뒤져 보자, 언제 넣어 뒀는지 기억도 안 나는 오래된 에너지바가 하나 굴러 나왔다.

"앗싸―! 먹어야지!"

서둘러 포장지를 벗기고 입에 넣으려는데⋯. 아, 맞다. 나 혼자가 아니지.

"이리 와 봐. 이거 같이 나눠 먹자."

"혼자 다 먹을 줄 알았는데. 웬일이야~?"

빈정대는 샛별을 애써 무시한 채 에너지바를 반으로 잘라 하나를 건넨 다음 나머지 하나를 천천히 조금씩 씹어 먹었다. 하지만 딱 하나밖에 없는 걸 둘이 나눠 먹었더니 영 먹은 것 같지 않았다.

'이렇게 될 줄 알았으면 집에서 간식 좀 잔뜩 챙겨 나올걸. 아니면 캠핑 장비나 손전등 같은 거라도⋯.'

평소 같으면 절대 가방 안에 넣어 다닐 필요가 없는 물건들이었지만, 이런 상황이 닥치니 자꾸만 아쉬운 마음이 들었다. 구겨진 가정 통신문이나 필기도구 같은 건 여기서 아무런 쓸모도 없다.

하지만, 이곳에 오니 확실히 좋은 점이 하나 있었다.

"헤헤. 숙제 하나도 안 해 놨는데 학원 안 가도 되는 건 참

좋네."

"그러게~. 나도 학원 안 가서 너무 좋아."

샛별이 팔을 쭉 뻗어 기지개를 켜더니 내 말에 맞장구쳤다.

"엥? 넌 학원 좋아하는 거 아니었어? 너 공부 잘하잖아?"

"나라고 좋아서 공부하겠니? 미래를 위해서 해야 하니까 그냥 참고 하는 거지. 누가 뭐래도 침대에 누워서 스마트폰 하는 게 최고야!"

"그건 그런데…. 아, 그러고 보니 스마트폰이 안 되니까 진짜 답답하다. 메시지가 엄청 쌓여 있을 텐데."

이야기를 나누며 걷다 보니 우리는 어느새 동굴 깊숙이 들어와 있었다. 철로가 깔린 길이 끝나니 천연 동굴이 이어졌고, 곳곳에는 뼈로 보이는 것들이 흩어져 있었다.

"헉! 이건 설마…."

자세히 살펴보니 진짜 사람의 뼈였다. 과학 실험실에서 보던 모형이 아닌 진짜 사람 해골을 직접 보니 온몸에 소름이 돋았다. 이 사람들에게 도대체 무슨 일이 일어났던 걸까?

곁에서 함께 해골을 살펴보던 샛별이 말했다.

"우리… 이대로 무사히 여길 빠져나갈 수 있을까?"

나는 미처 대답하지 못한 채 한동안 샛별을 바라보기만 했다. 하지만 재빨리 분위기를 바꾸고자 밝은 목소리로 길을 재촉했다.

"일단 더 살펴보자! 분명 방법이 있을 거야!"

우리는 계속 앞으로 나아갔다. 동굴에 조금 익숙해지자 들고 있던 횃불로 동굴 구석구석을 비추어 보았다. 그러다 동굴 벽 여기저기에 그려진 빛이 바랜 벽화를 발견했다. 대부분 운동장에 떨어진 거대한 황금 문에서 보았던 기호나 문양과 비슷했다.

'이 문양에는 대체 무슨 의미가 있는 걸까….'

끝없이 이어질 것만 같은 구불구불한 동굴 길을 지나자 넓고 평평한 공간이 나왔다. 중앙에는 돌계단이 있었는데, 그 계단 끝에는 으리으리한 제단이 있었다.

"조금 가까이 가 볼까?"

내 물음에 샛별은 잠자코 고개를 끄덕이더니 곧장 따라왔다.

조심스레 다가가서 살펴보니 제단의 단상에는 고급스러운

향로*와 각종 장식품이 놓여 있었다. 그리고 제단 뒤편에는 거대한 반투명 암석층이 있었다.

우리는 누가 먼저랄 것도 없이 조심스레 암석층을 향해 다가가고 있었는데…!

"으왁―!"

순간, 나도 모르게 눈앞의 형상을 보고서 비명을 지르고 말았다.

'저 거대한 건 뭐지?'

얼핏 봤을 뿐이었지만 무언가 거대한 생물이 암석 속에 갇혀 있었다. 가까이 다가가서 보니 다행히 평온하게 잠들어 있어 위험해 보이지는 않았다.

"와… 크기가 얼마나 될까? 3층 건물 높이는 가뿐히 넘고도 남겠는데…?"

그것은 태어나서 처음 보는 형태의 생물체였다. 날렵하고 길쭉한 몸통을 탄탄한 네 개의 다리가 지탱하고 있었다. 목덜미에는 삐죽삐죽한 화염 모양의 갈기가 무성히 자라 있어 얼핏 봐서는 꼭 사자나 목도리도마뱀 같았다. 투구를 쓰고 갑옷

* 향로: 향을 피우는 자그마한 화로

82

을 입은 것처럼 온몸이 단단한 껍질로 둘러싸여 있었고, 주둥이에는 날카롭고 긴 송곳니가 튀어나와 있었다.

그때, 동굴 어디선가 희미한 빛줄기가 새어 들어왔다. 투명한 암석층에 닿은 그 빛이 굴절되어 찬란한 무지개가 피어올랐다. 나와 샛별의 머리 위에 또다시 황금색 표식이 나타나 제단 주변의 에너지와 반응하기 시작했다. 반응은 점차 거세졌고, 표식 역시 더욱 강렬하게 빛났다.

"우왓─! 갑자기 또 왜 이러는 거야?! 설마 저 무시무시한 게 깨어나려는 건 아니겠지?!"

나와 샛별은 긴장한 채 눈만 깜빡거렸다. 갑자기 환한 빛줄기 속에서 어떤 형체가 두둥실 떠올랐다.

우리는 순간 겁이 나서 서로 손을 꼭 붙잡고 눈을 감았다.

"감히 누가 이 몸의 잠을 깨운 것이냐─앗!"

'폴짝─'

그때 우렁찬 꾸짖음 소리와 함께 우리들의 눈앞에 나타난 것은, 조금 전 보았던 거대한 존재와는 달리 작고 귀여운⋯ 음? 엥? 솜 인형?

상대도 우리 두 사람을 보고 당황했는지 흠칫 놀라며 눈치를 살폈다. 자세히 보니 그것은 품에 폭 안길 정도로 작았고, 짧다 못해 앙증맞은 다리로 종종거리며 걸었다. 크고 쫑긋한 귀와 별이 박힌 것처럼 아름다운 빛이 나는 구슬 같은 눈, 그리고 오동통하고 볼록한 볼살을 가지고 있었다. 또 솜사탕처럼 풍성하고 부드러운 털이 작은 몸을 온통 감싸고 있었다.

"오~ 귀엽다!"

우리는 무심코 산책하다 만난 귀여운 강아지에게 하듯이 손바닥으로 목과 등의 털을 조심스럽게 쓰다듬었다. 그러자 갑자기 그 생물체가 몸을 부르르 떨고는 버럭 화를 내기 시작했다.

"감히 요 애송이가 이 몸이 누군지 알고 귀엽다는 말을 함부로 입에 담느냐!"

"어? 얘가 사람 말을 할 줄 아네?"

"어리석은 질문이로고. 이 몸으로 말할 것 같으면, 수천 년 동안 이곳 골드랜드를 지켜 온 고대 정령 '글리머'이시다! 시공을 넘나드는 차원 여행자들에게 지식과 용기를 전하는 막중한 임무를 담당하고 있단 말이다!"

"엥? 헤에~ 그러셔? 듣고 보니 말투가 어르신 같네."

내 말에 기분이 언짢은 듯 글리머가 잠시 헛기침을 하더니 다시 말을 이어 갔다.

"그런데 참으로 이상한지고…. 내 잠을 깨우는 존재는 몹시 드물다. 하물며 어린 인간들이라니."

"와, 너무해. 방금 그 말 인종 차별 뭐 그런 거 아닌가?"

샛별이 뚱한 표정으로 재빨리 받아쳤다.

"그런 것이 아니다! 인간이란 존재는 원래 다른 생명체와 공존하기 위한 특별한 능력을 갖고 태어나는 일이 드물단 말이다! 이 고얀 꼬마 녀석들아! 아… 앗? 그 표식은!"

씩씩대며 야단치던 글리머가 우리 머리 위의 표식을 보더니 깜짝 놀랐다. 예상하지 못한 반응에 우리 역시 입을 다물고 말았다. 글리머는 부산스럽게 움직이며 몹시 의심스러운 눈초리로 우리의 몸 구석구석을 찬찬히 뜯어보았다.

'대체 뭐 때문에 이러는 거지…?'

우리는 무척 당황스러웠지만 글리머의 관찰이 끝날 때까지 얌전히 기다려 주기로 했다.

관찰이 끝난 듯 원래 있던 위치로 돌아간 글리머는 매서운 눈빛으로 우리를 바라보았다. 사실 우리가 보기에는 토라진

고슴도치처럼 귀엽기만 한 모습이었다. 이윽고 글리머가 진
지하게 물었다.

"어린 인간들아. 너희는 대체 무엇이냐? 보아하니 이곳 주
민도 아닌 모양인데."

"에… 음… 우리는…."

너희는 대체 무엇이냐?

"그리고 머리 위의 그 표식! 그것은 대체 어떻게 생겨난 것이냐? 분명 그냥 떠오르지는 않았을 터인데!"

우리는 글리머의 반응에 어리둥절해하면서도 우리 세계를 덮친 기후 위기와 학교에서 벌어졌던 이상한 일들, 갑자기 눈앞에 곤두박질친 금빛 혜성, 그리고 황금 문을 통해 골드랜드로 건너오게 된 자초지종을 설명했다.

글리머는 눈을 살포시 감은 채 무표정한 얼굴로 우리 이야기를 듣더니 한동안 생각에 잠겼다.

정적을 참지 못한 내가 글리머의 눈치를 살피며 물었다.

"골드랜드는 어떤 곳이야? 우리는 이 세계로 넘어온 지 얼마 안 되어서 정보가 필요해."

글리머는 감았던 눈을 뜨며 나직한 목소리로 이야기를 시작했다.

"골드랜드는 이름에서 알 수 있듯이 황금이 풍부한 나라이니라. 곳곳에 있는 수많은 광산에서 황금과 광물이 채굴되고, 학자들은 황금이 지닌 특별한 마력*을 연구하기도 하지."

이야기를 이어 가는 글리머의 눈빛이 점점 더 자랑스러움

* 마력: 판타지 세계에서 마법을 쓸 수 있게 만들어 주는 신비로운 힘

으로 빛났다.

"이 나라에서 제일 큰 도시에는 황제가 사는 황금 성과 대학이 있고, 황금 거리에는 화려하고 눈부신 건물들이 즐비하지. 총 여덟 개의 도시가 있는데, 너희가 손에 든 그 지도를 펼쳐 보면 그곳들을 확인할 수 있을 게다."

"우와~ 황금이 나오는 땅이라니, 최고다! 열심히 공부해서 성공하지 않아도 먹고살 수 있겠네? 돈 많은 백수가 내 꿈인데, 여기선 이룰 수 있을지도?!"

진심으로 부러워서 한 말이었지만 글리머의 표정이 마냥 밝지 않았다. 글리머는 슬픈 얼굴로 고개를 가로저었다.

"골드랜드가 황금으로 인해 풍요로워질 수 있었던 건 맞다. 하지만 그 대신 곡식이나 과일이 잘 자라지 않아서 사람이 먹을 농작물을 기르기 어렵다는 단점도 존재하지. 그래서 여기 주민들은 보통 먹을거리나 생활에 필요한 물건을 얻기 위해 바다에 나가 다른 나라들과 교역*을 하면서 살아가야만 한다."

글리머의 눈동자가 빛을 잃고 슬픔에 잠겼다.

* 교역: 나라와 나라 사이에서 물품을 사고팔아 장사하는 일

"게다가 최근에는 황금을 노리는 자들에게 침략을 당하거나, 사람들끼리 서로 싸우는 일도 늘어나서 나라 분위기가 갈수록 험악해지고 있지…."

나는 좀 전에 보았던 검은 무리의 모습을 떠올렸다. 그 사람들이 글리머가 말하는 '황금을 노리는 자들'인 모양이었다.

"아까 황금 광산 입구에서 검은 망토를 입고 몰려온 무리를 봤어. 사람들을 해치고 황금이 담긴 상자를 가져가려 하던데?"

"바로 그 녀석들이다. 황금 악마 숭배자들은 원래 이곳 골드랜드의 평범한 주민들이었지. 허나 황금의 유혹을 뿌리치지 못한 바람에 황금 악마를 숭배하고 그의 명령을 따르게 된 게야. 황금에 취해 이성을 잃은 탓에 가족도 알아보지 못한 채 폭력적이고 위험한 행동으로 사람들을 위협하고 있지."

조금 전 검은 망토 무리가 황금을 보며 짓던 표정을 떠올렸더니 다시 소름이 돋았다. 뭐라 표현할 수 없을 만큼 너무나 기괴하고 무서운 표정들이었는데, 심지어 가족도 못 알아볼 정도라니. 황금에 대한 탐욕이 지나치면 그토록 무서운 존재가 되는 걸까.

"그 밖에도 황금을 노리는 악의 세력들은 너무나도 많다. 괴물들이 도시를 점령한 다음 각 도시를 연결하는 경계선에 쇠창살을 설치하기도 하고, 황금을 하나라도 더 캐내기 위해 사람들을 납치해 노예로 삼기도 하지. 심지어 가짜 황금을 만들어 내어 사람들을 현혹하는 연금술사*들도 있고 말이야."

"아무리 대단하고 값진 자원이 있어도 나라에서 그걸 지키고 관리하는 건 쉬운 일이 아닌가 봐."

샛별이 한마디 거들었다. 글리머는 고개를 끄덕이며 답했다.

"그렇지. 황금을 가졌다고 해서 반드시 행복한 것만은 아니다."

대답하는 글리머의 표정에 여러 가지 감정이 담겨 있었다. 글리머는 애써 가라앉은 분위기를 바꾸려는 듯 눈을 다시 빛내더니, 코끝으로 우리들의 머리 위에 떠오른 황금 표식을 가리키며 말했다.

"사실 너희 머리 위의 표식은 황금 수호자**를 나타내는 특

* 연금술사: 금이 아닌 물질로 금을 만들어 내는 방법에 관한 기술을 가진 사람

** 수호자: 무언가를 지키고 보호하는 사람

별한 표식이다. 전설에 따르면 이 골드랜드가 위기에 처했을 때 차원의 건너편에서 골드랜드를 지켜 줄 황금 수호자가 찾아온다고 했지."

"차원의 건너편에서?"

무슨 말인지 쉽게 이해가 가지 않아 되묻자, 글리머가 양발을 모아 비볐다. 그러자 눈앞에 푸르스름한 두 개의 구슬이 떠올랐다.

"너희가 있던 세계에서도 이상 기후 같은 알 수 없는 일들이 계속 벌어졌다고 했지? 그것은 골드랜드 역시 마찬가지다."

두 개의 구슬은 마치 쌍둥이처럼 크기가 똑같았는데, 신비로운 빛을 내는 사슬로 이어져 있었다. 한쪽 구슬이 흐려졌다 밝아졌다를 반복하고 있었는데, 곳곳에 작은 금이 가거나 파편 부스러기가 떨어지기도 했다. 신기한 것은 하나의 구슬에서 그런 현상이 일어나면 곧이어 다른 쪽 구슬에서도 같은 현상이 나타난다는 점이었다.

"그건 너희 세계와 골드랜드가 이 구슬들처럼 서로 평행세계*를 이루고 있기 때문이다. 다른 차원의 에너지와 생명들이 같은 운명처럼 얽혀 있는 게지."

"그럼 우리가 골드랜드의 문제를 해결하면, 차원 너머의 우리 세계도 다시 멀쩡해질 수 있을까?"

나는 주먹을 꽉 쥔 채 물었다. 동상처럼 딱딱하게 변한 친구들과 폐허가 된 학교의 모습이 떠올랐다. 꼭 다시 원래대로 되돌리고 싶었다.

"그렇다. 하지만 결코 쉽지는 않을 게다. 내 눈에는 너희들이 영 마음에 차지 않으니."

하긴 우린 그저 평범한 초등학생일 뿐인데, 황금 수호자라는 거창한 이름에 어울릴 리가 없었다.

"그럼, 뭐 어떻게 하라는 거야? 마음에 안 드니 여기서 끝?"

샛별이 다시 뚱한 목소리로 말했다. 저 매몰찬 성격 탓에 꼬장꼬장한 글리머에게 한소리 들을 것 같았는데, 어김없이 예감이 맞아떨어졌다.

"예끼! 참을성이 부족한 녀석들이군! 진정한 황금 수호자

---

* 평행세계: 자기 자신이 살고 있는 세계(우주)가 아닌 평행선 상에 위치한 또 다른 세계

가 되기 위해서는 너희 안에 잠재된 능력을 각성*시켜 내게 보여 주어야 한다!"

말이 끝나기가 무섭게 글리머는 탐스러운 꼬리를 살랑거리며 흔들었다. 그러자 전등이 켜진 것처럼 동굴 내부가 순식간에 환해졌다.

"너희가 황금 수호자에 걸맞은 자질을 갖추었는지 시험해 보도록 하겠다."

글리머의 말에 나는 고개를 돌려 옆에 있던 샛별을 바라보았다.

"어떻게 할까, 우리? 이렇게 된 이상, 우리 세계로 돌아가기 위해서라도 글리머의 말을 따르는 것도 괜찮을 듯한데?"

샛별은 내 말에 퉁명스럽게 대꾸했다.

"다 정해 놓고 무슨 답을 하라는 거야, 이 배려 부족 이태양! 하지만 네 말에는 동의해. 다른 방법이 없으니 일단 저질러 보자."

"오~ 웬일이야, 박샛별? 뭘 하잘 때 순순히 동의하다니?"

꿀밤을 먹이려는 샛별을 피하며, 나는 반드시 원래 세계로

* 각성: 어떤 사실이나 잘못을 알게 됨. 혹은 잠 등에서 깨어나 정신을 차림

돌아가고 말겠다고 결심했다.

　뜻을 모은 샛별과 나는 결의에 찬 표정으로 글리머를 향해 고개를 끄덕였다. 그러자 글리머는 두 발을 모으며 무언가 중얼거렸다. 곧이어 글리머의 양발에서 주황색 빛이 눈부시게 뿜어져 나왔다.

　"애송이들아, 준비는 되었느냐?! 자, 이제 무를 수 없다!"

차원의 골드랜드

1 차원의 문을 건너다

PART **1**
게임 디자인

RPG 게임에 대해 알아보고, RPG 게임을 직접 디자인해 봐요!
『차원의 골드랜드』 이야기를 바탕으로 게임 아이디어를 찾아내고
이를 스케치하면서 나만의 게임을 구상할 수 있습니다.

RPG 게임은 뭘까요?

RPG 게임이란 '롤플레잉 게임(Role-Playing Game)'의 줄임말로, 우리말로는 '역할 수행 게임' 이라고 해요. 쉽게 말해 내가 게임 속의 주인공이 되어 모험을 하는 과정을 통해 캐릭터를 성장시키는 인기 있는 게임 장르 중 하나예요.

⭐ 게임 구성

캐릭터

게임을 시작하면 가장 먼저 자신만의 캐릭터를 만들어요. 다양한 직업(마법사, 전사, 궁수 등)을 선택할 수 있고, 직업마다 능력이 달라요.

이야기

모든 게임에는 반드시 재미있는 이야기 가 있어요. 게임 캐릭터가 하는 모험에 따라 이야기가 다양하게 바뀌어요.

퀘스트

게임을 하면 다양한 퀘스트가 발생해요. 이것을 완수하면 보상으로 경험치나 아이템을 얻을 수 있어요.

레벨 업

캐릭터가 퀘스트를 완료하거나 적을 물리쳐서 얻은 보상이 쌓이면 레벨이 올라가서 더 많은 능력을 갖게 돼요.

아이템과 장비

게임 속에서 모험하며 다양한 아이템(물건)과 장비(무기나 갑옷 등)를 손에 넣을 수 있어요. 이것들은 캐릭터를 성장시키는 데 도움을 줘요.

RPG 게임에 대해 잘 알게 되었느냐?
자, 이제 『차원의 골드랜드』를 바탕으로 RPG 게임을 만들면 어떨지 살펴보겠다.

골드랜드 세계로 RPG 게임 상상하기

「차원의 골드랜드」는 차원 이동 판타지 모험 이야기예요. RPG 게임 요소를 이야기에 적용해 보면서, RPG 게임 「차원의 골드랜드」를 상상해 봐요!

⭐ 게임 내용

퍼즐 조각을 맞추고 골드랜드로 차원 이동

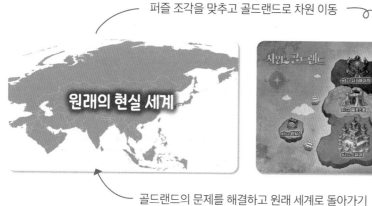

원래의 현실 세계

골드랜드의 문제를 해결하고 원래 세계로 돌아가기

⭐ 게임 요소

캐릭터

이태양, 박샛별

이야기

현실 세계의 문제를
해결하기 위해 차원 너머의 세계
'골드랜드'로 이동해요.

퀘스트

책에 나오는 중심 사건을
'퀘스트'로 만들어요.

레벨 업

각 단계를 완수할 때마다
레벨이 올라가 더 강한 적과
싸울 수 있어요.

아이템과 장비

게임 속에서 얻은
다양한 아이템을 통해
캐릭터가 점점 강해져요.

나만의 게임 아이디어 찾기

흥미로운 이야기가 담겨 있다면 게임이 더욱 재미있어질 거예요. 앞서 읽은 이야기를 게임으로
만들어 보는 건 어떨까요? 어떤 부분을 게임으로 만들면 좋을지 생각하며, 게임 아이디어를 떠
올려 봐요.

아이디어 tip
칠판에 나타난 '게임 오버'
메시지의 숨은 뜻 찾기

1

시작부터 게임 오버?!

학교에 도착한 태양.
교실 칠판에 갑자기
'게임 오버'라는
메시지가
나타난다.

2

하늘에서 내려온
금빛 혜성

갑자기 동상처럼
굳어 버린 친구들.
교실 밖 하늘에서는
금빛의 무언가가
떨어지고 있다.

아이디어 tip
굳어 버린 친구들 속에서
단서를 찾아 학교 탈출하기

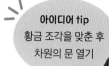

아이디어 tip
황금 조각을 맞춘 후
차원의 문 열기

차원의 문을 건너다

하늘에서 떨어진 문 근처의
황금색 조각들을 맞추자
문이 열리며
알 수 없는 곳으로
빨려 들어간다.

황금 악마
숭배자를 피하라

태양과 샛별은
'골드랜드'에서 만난
황금 악마 숭배자를 피해
황금 광산 안으로
도망친다.

아이디어 tip
황금 악마 숭배자를 피해
도망치기

고대 정령
'글리머'와의 만남

황금 광산 안에서 골드랜드의
고대 정령 '글리머'와 만난다.
태양과 샛별이 사는
세계와 골드랜드가
서로 연결되어 있다는 것을
알게 된다.

아이디어 tip
글리머와 스무고개로
골드랜드의 비밀 알아내기

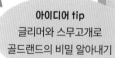

다양한 게임 아이디어를 살펴봤느냐?
그중에서 4장 '황금 악마 숭배자를 피하라'의 한 장면을 게임으로 만든다면
재미있을 것 같구나! 이 장면을 그림으로 표현해 보도록 하자.

게임 스케치, 상상을 현실로 그리기

4장 '황금 악마 숭배자를 피하라'에서 게임 아이디어를 떠올려 보세요. 태양과 샛별이 '골드랜드'에서 황금 악마 숭배자에게 쫓기는 장면이 머릿속에 그려지나요? 이야기를 다시 한번 살펴볼까요?

⭐ **발견한 아이디어 1**

> 순간, 검은 망토 무리의 매서운 시선이 일제히 우리가 숨은 곳을 향했다. 그 모습이 더욱 기괴하고 무서워서 심장이 두근거렸다. (중략) 검은 무리들이 고함을 치며 우리 주변을 빠르게 에워싸기 시작했다. ☆☆
>
> - 71쪽 중에서

상상한 장면을 그림으로 어떻게 표현할 수 있는지 확인해 보자꾸나.
숭배자의 모습과 주인공이 어떻게 도망치는지 확실히 알 수 있을 게다.

아이디어 그려 보기 ▶

황금 악마 숭배자에게서 도망치기

3. 숭배자에 닿으면 하트 개수가 줄어듦

1. 쫓아감

2. 도망감

태양과 샛별은 뒤쫓아오는 황금 악마 숭배자를 피해 황금 광산으로 도망친 후 입구를 막습니다.
이야기를 다시 한번 살펴볼까요?

⭐ **발견한 아이디어 2**

  ✦☆ 마침내 황금 광산 안에 들어서자마자 둘이 함께 힘을 모아 끙끙대며
  황금 광산의 문을 고정하고 있던 쇠 지렛대를 빼 냈다. 그러자 열려 있
  던 문이 시끄러운 소리를 내더니 육중하게 진동하며 완전히 닫혔다.

  - 74쪽 중에서

황금 악마 숭배자가 황금 광산으로 쫓아오고,
주인공이 황금 광산 입구를 막는 모습이 어떻게 그려졌는지 확인해 보자꾸나.

아이디어 그려 보기 ▶

10초 안에 황금 광산 입구 막기

PART 2
게임 플레이

실제 게임을 튜토리얼에 따라 직접 플레이해 봐요!

게임 플레이 영상을 참고하여 튜토리얼을 단계별로 따라가면서

쉽고 재미있게 게임을 플레이할 수 있습니다.

『차원의 골드랜드』 10가지 게임

「황금 악마 숭배자 피하기」 게임 튜토리얼

『차원의 골드랜드』 10가지 게임

황금 악마 숭배자 피하기

5권

2권

4권

3권

GAME PLAY 「황금 악마 숭배자 피하기」게임 튜토리얼

게임 플레이는 '일반 PC'와 '키보드가 있는 태블릿 PC'에서 가능합니다. 「차원의 골드랜드」 홈페이지에 접속하거나, 게임 주소를 직접 입력하여 플레이할 수 있어요.

※ 홈페이지 접속: 도서 122P 참고
※ 게임 플레이 주소: https://naver.me/x0UGOsh0

마우스로 화면 아래의 버튼을 클릭하면 줄거리 영상이 시작돼요.
태양과 샛별은 어떤 모험을 하게 될까요?

버튼을 클릭 또는 터치

튜토리얼을 보며
게임을 플레이해 보세요.
QR 코드를 통해
게임 방법을 확인할 수 있어요.

태양과 샛별이 골드랜드에 도착하기까지의
내용이 끝나면 게임이 자동으로 실행돼요.

| 게임 시작 | 줄거리 | 숭배자 피하기 | 광산 입구 | + |

태양과 샛별이 골드랜드에 오게 된 내용을
모두 보고 나면 게임 화면으로 바뀜

황금 악마 **[숭배자]**를 요리조리 피해
황금 광산 동굴 안으로 도망가요.

황금 악마 숭배자와
세 번 닿으면 게임이 끝남

방향 키를 조작하여 캐릭터를 이동시킴

황금 광산 안으로 피할 수 있음

주인공을 계속 쫓아다님

마우스를 클릭해서 '10초' 안에 황금 광산 [문]을 닫고
황금 악마 [숭배자]의 추격을 피해 봐요.

GAME
MAKING

PART 3
게임 메이킹

PART 2에서 플레이한 게임을 엔트리 블록 코딩을 이용해서 직접 만들어 봐요!

퀘스트에 딸린 미션을 하나씩 수행하다 보면

누구나 쉽게 나만의 게임을 만들 수 있습니다.

꼭 알아야 하는 기본 엔트리

1. 엔트리 화면 이해하기

장면
서로 다른 장면을 최대 30개까지 만들 수 있어요.

시작하기
블록(코드) 조립소에서 만든 동작을 확인할 수 있어요.

오브젝트 목록
게임 만들기에 사용한 오브젝트(이미지)들이 있어요.

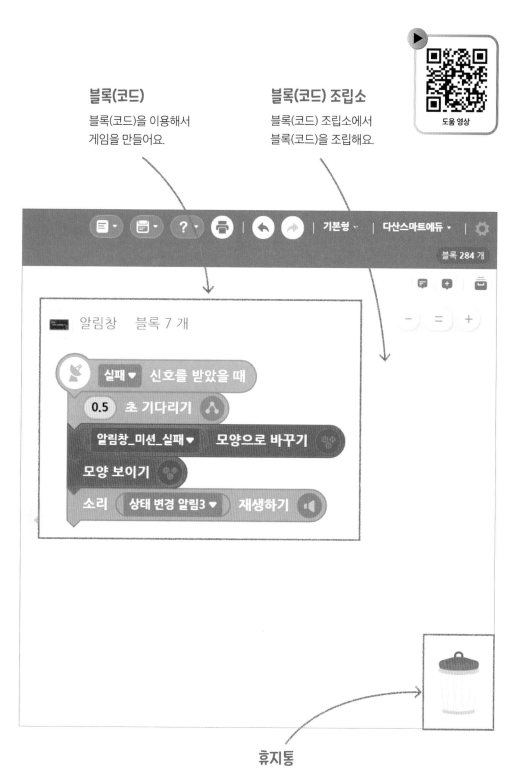

블록(코드)
블록(코드)을 이용해서
게임을 만들어요.

블록(코드) 조립소
블록(코드) 조립소에서
블록(코드)을 조립해요.

도움 영상

기본형 ˅ | 다산스마트에듀 ˅ | ⚙

블록 284 개

알림창   블록 7 개

실패 ▼ 신호를 받았을 때

0.5 초 기다리기

알림창_미션_실패 ▼   모양으로 바꾸기

모양 보이기

소리   상태 변경 알림3 ▼   재생하기

휴지통
필요 없는 블록(코드)을 드래그 해서 넣으면 삭제돼요.

2. 게임 블록 만드는 순서

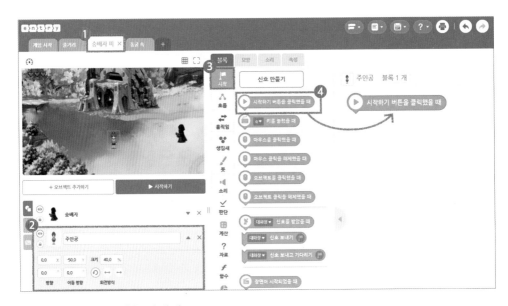

① 게임을 만들 장면을 선택해요.

② 사용할 오브젝트를 선택해요.

③ 블록 카테고리를 선택해요.

④ 블록을 블록 조립소로 가져와 조립해요.

3. 블록 사용 방법

블록 찾기

블록의 묶음을 '카테고리'라고 해요. 각 카테고리마다 정해진 색을 확인하면 원하는 블록을 쉽게 찾을 수 있어요.

▲ 카테고리   ▲ 엔트리 블록

블록 이름 확인하기

이름이 비슷한 블록들이 있으니 헷갈리지 않도록 해야 해요. 블록마다 기능이 다르므로
게임을 만들 때는 블록의 이름을 꼭 확인하세요.

▲ 비슷해 보이지만 다른 동작을 하는 블록

키보드·마우스 블록을 사용했을 때

키보드 또는 마우스를 활용하는 블록을 사용했다면, 블록을 모두 완성한 후 [▷ 시작하기]
버튼을 눌러 전체 동작을 확인할 때 반드시 해당 키보드 키를 직접 누르거나 마우스 버
튼을 실제로 클릭하세요.

▲ 블록(코드) 완성 후에 실제 키보드와 마우스를 이용해서 결과 확인

음수 입력하기

'-5'와 같은 음수를 입력할 때는 키보드의 숫자 키에 있는 '-(마이너스)' 기호를 사용해야
해요. 한글 모음인 '—'를 사용하면 제대로 동작하지 않으니 주의하세요.

▲ 마이너스 기호 '-' (○)   ▲ 한글 모음 '—' (×)

4. 원하는 블록을 찾을 수 없을 때

블록의 모양과 이름을 제대로 확인하면서 조립한 것 같은데 원하는 결과가 나오지 않는다면, 아래와 같이 블록의 네모 칸 안의 ▼을 클릭해 보세요.

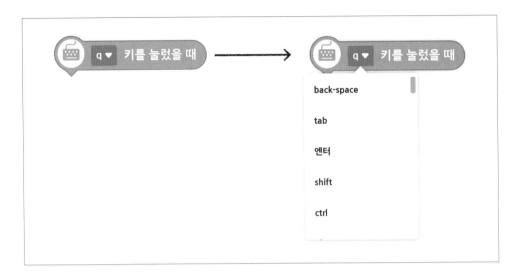

5. 완성한 게임 확인하기

장면이 하나일 경우

게임을 한 장면으로 구성한다면 '시작하기 버튼을 클릭했을 때' 블록을 사용해요.

▲ 한 장면에서 오브젝트가 움직이도록 할 때

장면이 여럿일 경우

게임을 여러 장면으로 구성한다면 첫 장면에서는 '시작하기 버튼을 클릭했을 때' 블록을
사용하고, 나머지 장면에서는 '장면이 시작되었을 때' 블록을 사용해야 해요.

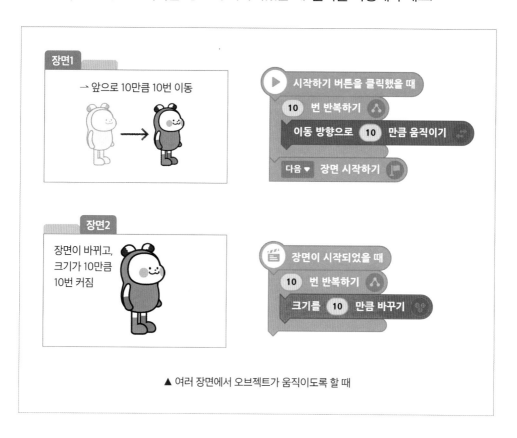

▲ 여러 장면에서 오브젝트가 움직이도록 할 때

블록 조립 결과 오브젝트가 움직이지 않는다면
'시작하기 버튼을 클릭했을 때'와 '장면이 시작되었을 때'
블록이 적절히 잘 사용되었는지 확인해야 한단다.

홈페이지 확인하고 엔트리 이동하기

1. 『차원의 골드랜드』 홈페이지 접속

인터넷에서 '차원의 골드랜드'를 검색하거나, 홈페이지 주소 https://goldlandgame.com 을 입력해 접속할 수 있어요.

2. 엔트리에서 게임 실행하기

① 상단 메뉴바에서 게임 플레이를 클릭하고 **1권**을 선택해요.

② **동영상 재생 버튼**을 눌러서 **게임 플레이 방법**을 확인해요.

③ 엔트리에서 게임 플레이 버튼을 클릭하면 엔트리로 이동해요.

④ 엔트리에서 직접 게임을 실행할 수 있어요.

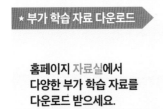

홈페이지 자료실에서 다양한 부가 학습 자료를 다운로드 받으세요.

□ 게임 메이킹 엔트리 파일: 게임 메이킹 실습용 파일(온·오프라인에서 사용 가능)

□ 게임 코드 해설집: 게임 전체 코드를 상세하게 설명한 PDF 파일

□ 수업안: 선생님을 위한 교수·학습 지도 자료

3. 엔트리로 직접 게임 만들기

① 상단 메뉴바에서 게임 메이킹을 클릭하고 **엔트리 알아두기**를 선택해요.
② **동영상 재생** 버튼을 눌러서 [엔트리 접속] - [화면 살펴보기] - [작품 리메이크하기] -
   [게임 블록 만드는 순서] 등을 확인해요.

③ **엔트리 알아두기**를 모두 확인했으면, 게임 메이킹에서 **1권**을 선택해요.
④ **동영상 재생 버튼**을 눌러서 **게임 메이킹 방법**을 확인해요.
   - 퀘스트 1: 황금 악마 숭배자에게서 도망치기
   - 퀘스트 2: 10초 안에 황금 광산 입구 막기
⑤ 엔트리에서 게임 메이킹 버튼을 클릭하면 엔트리로 이동해요.
⑥ 엔트리에서 직접 게임을 만들 수 있어요.

드디어 직접 「황금 악마 숭배자 피하기」 게임을 만들어 볼 차례다!
퀘스트1과 퀘스트 2 모두를 완수하면, 나만의 게임이 완성될 것이야.

미션1 장면과 오브젝트 확인하기

미션2 [주인공]을 키보드로 움직여 황금 광산 안으로 피하기

미션3 [주인공]이 오브젝트에 닿으면 나타나는 반응 만들기

미션4 퀘스트 1 전체 블록(코드) 확인하기

도움 영상

※ 일부 중요한 블록은 이미 만들어져 있어요. 만들어진 블록이 삭제되지 않도록 주의해요.

미션1 장면과 오브젝트 확인하기

[주인공]을 키보드로 조작하여 [숭배자]를 피해 [황금 광산]으로 도망가요. [숭배자]에 닿으면 [하트 게이지]가 줄어들어요.

▼ 장면

방향 키를 이용하여 캐릭터 이동 ◀ ▼ ▶ ▲

▼ 오브젝트

배경
주인공이 골드랜드에서 처음 떨어진 장소

X좌표: 260.0   Y좌표: -100.0
크기: 800.0%   방향: 0.0°
이동 방향: 90.0°

숲1
숲과 다양한 지형

X좌표: -25.0   Y좌표: 55.0
크기: 500.0%   방향: 0.0°
이동 방향: 90.0°

숲2
숲과 다양한 지형

X좌표: -40.0   Y좌표: -10.0
크기: 420.0%   방향: 0.0°
이동 방향: 90.0°

황금 광산
황금이 묻혀 있는 광산

X좌표: 10.0   Y좌표: 70.0
크기: 200.0%   방향: 0.0°
이동 방향: 90.0°

광산 위치
황금 광산의 위치를 나타내는 작은 점

X좌표: -10.0   Y좌표: 45.0
크기: 10.0%   방향: 0.0°
이동 방향: 90.0°

주인공
태양과 샛별 중 선택하여 모험 가능

X좌표: 0.0   Y좌표: -50.0
크기: 40.0%   방향: 0.0°
이동 방향: 0.0°

목숨 효과
주인공이 숭배자에 닿으면 나타나는 효과

X좌표: 0.0　　　　Y좌표: 0.0
크기: 40.0%　　　 방향: 0.0°
이동 방향: 90.0°

숭배자
주인공을 잡으려는 황금 악마 숭배자

X좌표: 180.0　　　Y좌표: -30.0
크기: 40.0%　　　 방향: 0.0°
이동 방향: 90.0°

하트 게이지
주인공의 남은 목숨을 나타냄

X좌표: -200.0　　Y좌표: 120.0
크기: 30.0%　　　 방향: 0.0°
이동 방향: 90.0°

알림창
미션을 안내하거나 수행 결과를 보여 줌

X좌표: 0.0　　　　Y좌표: 0.0
크기: 300.0%　　 방향: 0.0°
이동 방향: 90.0°

대화창
상황에 따른 다양한 대화 메시지를 보여 줌

X좌표: 0.0　　　　Y좌표: -90.0
크기: 200.0%　　 방향: 0.0°
이동 방향: 90.0°

[주인공]의 모험이 골드랜드에서 시작돼요! 키보드 방향 키로 캐릭터를 움직이고, 블록의 숫자를 조절해 이동 간격과 속도를 원하는 만큼 조절할 수 있어요.

장면	오브젝트
 숭배자 피하기	주인공

블록(코드)

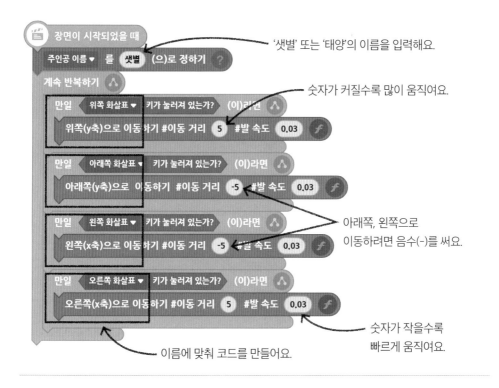

‘샛별’ 또는 ‘태양’의 이름을 입력해요.

숫자가 커질수록 많이 움직여요.

아래쪽, 왼쪽으로 이동하려면 음수(-)를 써요.

이름에 맞춰 코드를 만들어요.

숫자가 작을수록 빠르게 움직여요.

[주인공] 오브젝트에 다음 블록을 추가하여 [주인공]이 화면 밖으로 벗어나지 못하도록 만들어 봐요. 도시 요소에 닿으면 튕기고, [황금 광산] 문에 닿았을 때는 광산 안으로 들어가게 돼요.

장면	오브젝트
숭배자 피하기	주인공

블록(코드)

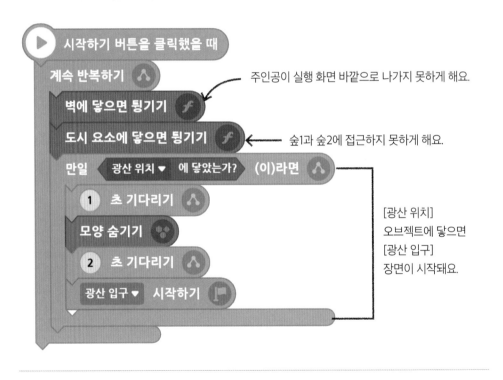

오브젝트	블록(코드)

장면이 시작되었을 때

주인공 이름 ▼ 를 샛별 (으)로 정하기 ?

계속 반복하기

  만일 위쪽 화살표 ▼ 키가 눌러져 있는가? (이)라면

    위쪽(y축)으로 이동하기 #이동 거리 5 #발 속도 0.03

  만일 아래쪽 화살표 ▼ 키가 눌러져 있는가? (이)라면

    아래쪽(y축)으로 이동하기 #이동 거리 -5 #발 속도 0.03

  만일 왼쪽 화살표 ▼ 키가 눌러져 있는가? (이)라면

    왼쪽(x축)으로 이동하기 #이동 거리 -5 #발 속도 0.03

  만일 오른쪽 화살표 ▼ 키가 눌러져 있는가? (이)라면

    오른쪽(x축)으로 이동하기 #이동 거리 5 #발 속도 0.03

주인공

장면이 시작되었을 때

계속 반복하기

  벽에 닿으면 튕기기

  도시 요소에 닿으면 튕기기

  만일 광산 위치 ▼ 에 닿았는가? (이)라면

    1 초 기다리기

    모양 숨기기

    2 초 기다리기

    광산 입구 ▼ 시작하기

★ '시작하기 버튼을 클릭했을 때' 블록은 '장면이 시작되었을 때' 블록으로 수정해야 해요!

'퀘스트 1 황금 악마 숭배자에게서 도망치기'를
모두 완수했구나! 이제 퀘스트 2를 수행해 보자꾸나.

10초 안에 황금 광산 입구 막기

미션1 장면과 오브젝트 확인하기

미션2 마우스를 클릭해서 10초 안에 황금 광산 입구의 문 닫기

미션3 [주인공]이 황금 광산 문을 닫는 애니메이션 추가하기

미션4 퀘스트 2 전체 블록(코드) 확인하기

도움 영상

※ 일부 중요한 블록은 이미 만들어져 있어요. 만들어진 블록이 삭제되지 않도록 주의해요.

미션1 장면과 오브젝트 확인하기

[숭배자]가 황금 광산 안으로 들어오려고 해요. [주인공]을 마우스로 조작하여 황금 광산 입구의 [문]을 왼쪽으로 닫아요. 10초의 [시간] 제한이 있어요. [자물쇠]가 [고리] 근처에 가면 잠김 모양으로 바뀌어요.

▼ 장면

연속적으로 마우스 버튼을 클릭 또는 터치하여 동굴 입구 막기

▼ 오브젝트

배경
황금 광산 속 동굴 입구

X좌표: 0.0   Y좌표: 0.0
크기: 380.0%   방향: 0.0°
이동 방향: 90.0°

오라
숭배자의 위험 에너지를 표시

X좌표: 0.0   Y좌표: -30.0
크기: 50.0%   방향: 0.0°
이동 방향: 90.0°

숭배자
주인공을 잡으려는 황금 악마 숭배자

X좌표: 0.0   Y좌표: -40.0
크기: 20.0%   방향: 0.0°
이동 방향: 90.0°

문
황금 광산의 입구를 막는 문

X좌표: 100.0   Y좌표: 110.0
크기: 190.0%   방향: 0.0°
이동 방향: 90.0°

주인공
태양과 샛별 중 선택하여 모험 가능

X좌표: 100.0   Y좌표: -50.0
크기: 70.0%   방향: 0.0°
이동 방향: 0.0°

바위
황금 광산 안에 있는 바위

X좌표: 180.0   Y좌표: 0.0
크기: 180.0%   방향: 0.0°
이동 방향: 90.0°

시간
문을 닫아야 하는 제한 시간

10초

X좌표: -200.0 좌표: 110.0
크기: 32.0% 방향: 0.0°
이동 방향: 90.0°

알림창
미션을 안내하거나 수행 결과를 보여 줌

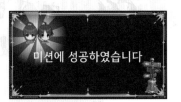

X좌표: 0.0 Y좌표: 0.0
크기: 300.0% 방향: 0.0°
이동 방향: 90.0°

고리
자물쇠에 닿으면 걸리는 소리가 남

X좌표: 0.0 Y좌표: 130.0
크기: 10.0% 방향: 0.0°
이동 방향: 90.0°

자물쇠
고리와 맞물려 문이 잠기도록 함

X좌표: 100.0 Y좌표: 100.0
크기: 30.0% 방향: 0.0°
이동 방향: 90.0°

퀘스트 안내
게임 줄거리와 미션을 안내함

제1 도시: '옐로스톤'의 황금 광산 속 입구
황금 악마 숭배자들을 피해 황금 광산 안으로 들어왔다.
이제 숭배자들이 들어오지 못하도록 광산 입구를 막아야 한다.
문은 자동으로 오른쪽으로 이동하지만, 마우스를 클릭하면 왼쪽으로 이동한다.
퀘스트: 마우스를 클릭하여 10초 동안 광산 입구를 막아야.
키보드에서 엔터키를 누르면 게임 시작

X좌표: 0.0 Y좌표: 0.0
크기: 380.0% 방향: 0.0°
이동 방향: 90.0°

미션2 마우스를 클릭해서 10초 안에 황금 광산 입구 문 닫기

게임이 시작되면 **[주인공]**이 숨은 황금 광산 입구를 향해 **[숭배자]**가 쫓아옵니다. 어떤 힘에 의해 오른쪽으로 계속 밀리고 있는 황금 광산의 **[문]**을 움직여 황금 광산 입구를 막을 수 있게 만들어 봐요.

장면	오브젝트
광산 입구	주인공

블록(코드)

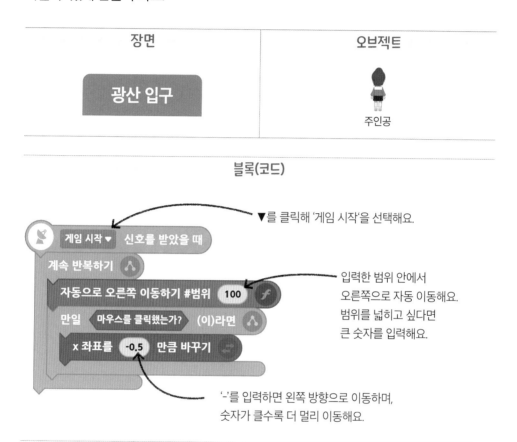

▼를 클릭해 '게임 시작'을 선택해요.

입력한 범위 안에서
오른쪽으로 자동 이동해요.
범위를 넓히고 싶다면
큰 숫자를 입력해요.

'-'를 입력하면 왼쪽 방향으로 이동하며,
숫자가 클수록 더 멀리 이동해요.

[숭배자]가 다가오고 있어요! 얼른 [문]을 닫지 않으면 [주인공]의 모험도 끝나고 말아요. 애를 쓰며 [문]을 닫는 [주인공]의 모습을 표현해 봐요.

장면	오브젝트
광산 입구	주인공

블록(코드)

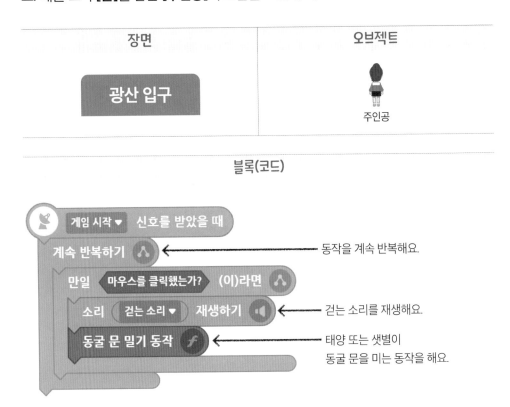

게임 시작 ▼ 신호를 받았을 때

계속 반복하기 ⋀ ← 동작을 계속 반복해요.

만일 마우스를 클릭했는가? (이)라면 ⋀

소리 걷는 소리 ▼ 재생하기 ◀ ← 걷는 소리를 재생해요.

동굴 문 밀기 동작 ← 태양 또는 샛별이
동굴 문을 미는 동작을 해요.

오브젝트	블록(코드)

오브젝트: 주인공

```
게임 시작 ▼  신호를 받았을 때
계속 반복하기
    자동으로 오른쪽 이동하기 #범위  100
    만일  마우스를 클릭했는가?  (이)라면
        x 좌표를  -0.5  만큼 바꾸기
```

```
게임 시작 ▼  신호를 받았을 때
계속 반복하기
    만일  마우스를 클릭했는가?  (이)라면
        소리  걷는 소리 ▼  재생하기
        동굴 문 밀기 동작
```

'퀘스트 2, 10초 안에 황금 광산 입구 막기'를 완수했구나! 훌륭한지고!
자, 이제 『차원의 골드랜드』 2권을 위한 다음 모험을 준비해 두겠으니 기대하거라.

135

게임 메이커의 노트

게임 아이디어 찾기

골드랜드 이야기에서 게임으로 만들고 싶은 장면을 골라 적어 보세요. 이렇게 하면 중요한 내용을 다시 생각하면서 게임 아이디어를 더 잘 떠올릴 수 있어요.

게임 제목		페이지	
이야기 내용 적어보기			

나의 게임 설계도

캐릭터	
퀘스트 내용	
아이템 및 장비	
게임 내용	

136

설계도를 보고 게임 화면을 그림으로 표현해 보세요. 이렇게 하면 게임이 어떻게 실행될지 더 잘 이해할 수 있고, 플레이어가 어떤 경험을 할지 상상해 볼 수 있어요.

게임 제목	
아이디어 그리기	

다산상상단

다산상상단은 스토리 크리에이터로서 『차원의 골드랜드』를 함께 만들었습니다.
이야기 · 삽화 · 게임 제작에 다양한 아이디어를 더하고 상상력을 모아,
새로운 세계 『차원의 골드랜드』가 탄생했습니다.

1권 ★

고은유	광주매곡초등학교(6학년)	경기
김용유	지제초등학교(6학년)	경기
박시우	참샘초등학교(6학년)	세종
변서아	용인한얼초등학교(5학년)	경기

2권 ★

고한을	운양초등학교(6학년)	경기
장예성	서울수리초등학교(6학년)	서울
장윤선	동남초등학교(6학년)	제주

3권 ★

김한울	대구성동초등학교(5학년)	대구
안서경	성원초등학교(5학년)	강원
양하율	상탄초등학교(5학년)	경기

4권 ★

김권영	추산초등학교(5학년)	경기
김초아	서울신화초등학교(4학년)	서울
전재인	백운호수초등학교(5학년)	경기

상상을 현실로 만드는 판타지 게임 코딩

차원의 골드랜드

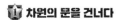 차원의 문을 건너다

초판 1쇄 인쇄 2025년 1월 10일
초판 1쇄 발행 2025년 1월 10일

기획 다산스마트에듀 SW교육센터
글 심선민
그림 Hako
감수 송상수
검토 다산상상단
펴낸이 김선식

부사장 김은영
책임편집 조아리 **책임 마케터** 이홍규
다산스마트에듀팀장 김재민 **다산스마트에듀팀** 조아리, 이홍규
미디어홍보본부장 정명찬 **브랜드관리팀** 오수미, 김은지, 이소영, 박장미, 박주현, 서가을
뉴미디어팀 김민정, 고나연, 홍수경, 변승주
편집관리팀 조세현, 김호주, 백설희 **저작권팀** 성민경, 이슬, 윤제희
재무관리팀 하미선, 임혜정, 이슬기, 김주영, 오지수
인사총무팀 강미숙, 이정환, 김혜진, 황종원
제작관리팀 이소현, 김소영, 김진경, 최완규, 이지우
물류관리팀 김형기, 김선진, 주정훈, 양문현, 채원석, 박재연, 이준희, 이민운
외부 스태프 | **디자인** 올컨텐츠그룹

펴낸곳 다산북스 **출판등록** 2005년 12월 23일 제313-2005-00277호
주소 경기도 파주시 회동길 490
전화 02-704-1724 **팩스** 02-703-2219 **이메일** dasanbooks@dasanbooks.com
홈페이지 www.dasanbooks.com **블로그** blog.naver.com/dasan_books
다산스마트에듀 www.dasansmartedu.com **차원의 골드랜드** www.goldlandgame.com
종이 스마일몬스터 | **인쇄** 민언프린텍 | **코팅·후가공** 제이오엘앤피 | **제본** 국일문화사

ISBN 979-11-306-6113-1 (74000)
        979-11-306-6107-0 (세트)